U0033728

內戰在東北
駐蘇軍事代表團
（二）

Civil War in Manchuria

Military Mission in Soviet Occupation Force

Section II

目錄

編輯凡例

一、本書依照「董彥平中將與巴佛洛夫斯基中將會談記錄」、「董團長與特羅增科中將會談記錄」排印出版。

二、部份會談記錄後，增補參考史料，以「附」表示。

三、為便利閱讀，部分罕用字、簡字、通同字，在不影響文意下，改以現行字標示，恕不一一標注。

四、本書史料內容，為保留原樣，維持原「匪」、「偽」等用語。

導讀

高純淑
天主教輔仁大學歷史系兼任教授

抗戰勝利後，國民政府面臨戰後的復員與重建工作，其時蘇軍已進入東北，接受日軍投降，東北陷於一種頗為微妙的局勢中。國民政府於 1945 年 8 月 31 日，議決通過「收復東北各省處理辦法綱要」，決定在長春設立軍事委員會委員長東北行營，以綜理東北各省收復事宜。派任熊式輝為東北行營主任兼政治委員會主任委員，張嘉璈為經濟委員會主任委員，蔣經國為外交部東北特派員，負責籌畫自蘇軍手中接收東北之各項事宜。東北行營副參謀長董彥平受命兼任駐蘇聯軍事代表團團長，派駐蘇聯軍總司令部，以資聯繫。

董彥平於10月9日午後首先抵達長春。13日，熊、蔣、張、董聯袂拜會蘇軍全權代表馬林諾夫斯基（R. Y. Malinovsky）元帥，洽商接防事宜。然因蘇軍另有所思（如扶植中共、搬遷日人遺留之重工業設備等），以致中蘇雙方代表雖經月餘之商洽，而中國軍隊在東北各港口登陸問題，始終未得蘇軍明確的承諾與保證，國民政府主席蔣中正乃於 11 月 15 日下令將東北行營移駐於山海關，以示對蘇軍阻撓國軍接收東北之不滿，兼以對之形成外交壓力。蘇軍因此而對國軍接收東北採取較緩和態度，雖未能形成國軍接收東北工作完全有利之局面；但中共原本欲於短期內「獨霸」東北之企圖，至此乃不得不被迫放棄，改採在「東、北、西滿各戰略要地建立可靠根據地，以作長期打算」之策略，拉長其與國民政府決戰東北之期限。然蘇軍應於 12 月 3 日前完全撤出東北之承諾，亦因其種種延宕作為而無法實現。蘇軍阻撓國軍進入東北，暗中培植中共在東北之勢力，直接間接影響及於其後國共雙方對東北之爭奪與控制，構成國民政府失陷大陸的重要原因之一。

《內戰在東北：駐蘇軍事代表團》以董彥平保存的毛筆原件史料為主，第一冊為「駐蘇軍事代表團交涉報告書」，綜述長達六個月的交涉經過。第二冊為董團長與蘇軍副參謀長巴佛洛夫斯基（I. G. Pavlovsky）的 15 次會議紀錄（1945 年 10 月 20 日 - 11 月 27 日），以及與特羅增科（特羅沉果，Yefim Trotsenko）參謀長的 17 次會議紀錄（1945 年12 月 11 日 - 1946 年 3 月 26 日）。

戰後東北問題錯綜複雜，關係中國時局的發展演變，國共美蘇三國四方縱橫捭闔，外交關係與內政問題互相交織，最終又歸結為國共兩黨之爭奪。此時在中央運籌帷幄的蔣中正、宋子文、王世杰，在東北現地與蘇軍折衝樽俎的熊式輝、張嘉璈、蔣經國、董彥平等人，都是舉足輕重的角色。熊式輝的《海桑集》、張嘉璈的《東北接收交涉日記》，國史館的《蔣中正總統文物》、《蔣經國總統文物》、《國民政府檔案》，史丹福大學胡佛研究所陸續公開的「蔣中正日記」、「蔣經國日記」，民國歷史文化學社出版《內戰在東北：駐蘇軍事代表團》等史料，對戰後東北研究當有相當助益。

董彥平中將與巴佛洛夫斯基中將會談記錄

董彥平中將與巴佛洛夫斯基中將第一次會談內容摘要

民國三十四年十月二十日

一、瀋陽市內外之武裝部隊請繳械遣散事

二、請告熱河、遼寧主席之氏名

三、通告我軍擬進駐熱河南部承德、山海關、綏中、營口等地

四、我軍空運軍隊至長春、瀋陽、哈爾濱問題

五、鐵路修復問題

六、請借讓冬季軍服事

七、請發還封存於中央銀行之偽滿鈔券事

八、我方編組保安隊事

九、擬請撥發電台及卡車事

十、請完整保留長、瀋、哈、大之廣播電台及器材事

十一、赴錦及其他各地視察人員請派員陪同前往事

十二、長春治安問題

董彥平中將與巴佛洛夫斯基中將第一次會談記錄

時　間　民國三十四年十月二十日十五時

地　點　長春蘇軍總司令部

參與者　胡世杰　楊作人

董：（一）據報瀋陽市內及其附近，發現未經中央政府（行營）承認之武裝部隊，擬請予繳械遣散。

（二）請見告熱河及遼寧省臨時組織之主席姓名。

（三）我軍準備于十一月十日以前在熱河南部承德、山海關、綏中、營口、葫蘆島一帶地區集中，特通告查照。

（四）在貴軍未撤退前，我方或將空運軍隊至瀋陽、長春、哈爾濱等地，以免貴軍撤退而我軍尚未能到達維持治安。

（五）山海關至瀋陽段之鐵路及古北口經承德、葉柏壽至錦州段之鐵路何時動工及何時修竣可供利用，請查照見覆。

（六）我軍因市面無軍用材料，擬請借讓冬季服裝十萬套（皮大衣、皮軍裝）。

（七）為維持蘇聯軍用票及偽幣之價格，暫不擬發行法幣，而印用一種新幣，在準備未竣時，請擬貴部將封存中央銀行之偽滿幣發還，以便留通。

（八）我方為維持長春、瀋陽兩市之治安，決編

組保安隊若干人，由行營遴員辦理，並隨帶少數人員即日前往（附函一件）

（九）擬請撥用五百至一千瓩電台十五架、大卡車一千部。

（十）長春、瀋陽、哈爾濱、大連等地廣播電台之設備及器材請予完整保留，在長春者並請予以先行利用。

（十一）派赴錦洲及其他各地視察人員擬即前往（並帶有一、二隨員），並請派員陪同往返。

（十二）長春治安問題，現頗可顧慮，茲特通告以下列若干事項：

1. 和順區東站，於本月十五日突有自稱冀熱遼十六軍區十八團三營營長馬蘭英者，率三百餘人進駐該地區，向當地要求給養，現已駐居多日。
2. 拉拉屯舊軍官學校集結二百餘人，均持有武器，同時在東車站集結三百五十人，亦均有武器，其給養由公安局供給者三百〇七人。
3. 宋家窪子集結二百餘人，三分之一持有武器（長春西北寬城子附近）。
4. 八里堡集結三百餘人，武器尚不多（長春東南八里）。
5. 王道書院有一百五十人，為宣傳工作人員，所持武器為手槍。
6. 朱城子（市西北六十里）有自稱東北人

民自衛軍者，首領為王習，參謀蘇安仁，集結四百餘人，武器佔半數。

7. 蘇軍中之中國籍軍官曾令各公安局錄用警官、警士多名，所介紹之人均無警官知識，並與自稱八路軍者多有聯繫，公安局頗難應付。

以上各項均與長春治安頗有影響，擬請貴部予以注意並糾正解散。

巴：閣下所提各節，分別答覆如下：

（一）瀋陽市內，及各主要交通線上並無武裝部隊，附近或有之，但並未遇到，今當根據貴方消息，加以注意，如有即當繳械。

（二）該兩省主席姓名，本人尚無所知，查明後當通知聯絡參謀轉告。

（三）錦州以南至山海關，並無我方軍隊，貴軍隨時可以進駐，錦州城內、承德城內、營口暨承德以南之鄉鎮，現尚駐有我軍，但營口我軍已準備十一月十日撤退，承德我軍則準備十一月十二日撤退。本人願與閣下在撤退前約期商洽有關各問題，並自十一月十日起，每日將撤軍情形通報貴方查照。

（四）關於貴軍空運部隊問題，馬利諾夫斯基元帥與貴行營主任熊上將第二次會談時，原則上已表同意，本人不必再作答覆。惟空運部隊之數量、日期及在蘇軍撤退前幾日，開始實施等問題，須待雙方研究，並由本人請示馬元帥再作答覆。

（五）修復鐵路問題，在我軍駐紮區域以內者，可負責修復，非我軍駐區，恕不克照辦。如錦州至山海關段，並無我軍駐紮，即無法修復；又在我軍駐區以內，可雙方派員視察交通狀況，如貴方認為錦州－山海關段有視察之必要，則俟本人請示後答復。

董：我方認為有共同視察之必要。

巴：第（六）、第（七）兩項由本人報告馬元帥請示後，方能答覆，因非軍事問題，不在本人職權之內也。

（八）關於本項問題，本人可將書面轉呈馬元帥，俟星期一再答覆。

（九）關於撥用電台、卡車事項，俟星期一答覆，據本人所知，我軍車輛亦非常困難。

（十）貴方對於長春、瀋陽、哈爾濱、大連廣播電台所提之要求，除大連外，星期一可作答覆。

（十一）請俟星期一書面答覆

（十二）對於閣下所提有關長春治安問題之各項情報，本人毫無所知，俟查明後當即報告馬元帥。

董彥平中將與巴佛洛夫斯基中將第二次會談內容摘要

民國三十四年十月二十一日

一、大連、安東登陸問題

二、關於開駛公務火車問題

三、在大連、瀋陽、長春、哈爾濱設航空站問題

四、蘇方答復借讓冬季服裝事

五、蘇方答復編保安隊事

六、蘇方答復派遣視察路政人員事

董彥平中將與巴佛洛夫斯基中將第二次會談記錄

時　間　民國三十四年十月二十一日十八時

地　點　長春蘇軍司令部

參與者　胡世杰（巴中將邀往）

巴：中國軍隊在大連登陸，蘇聯不能同意，根據中蘇友好同盟條約，大連為商港，如容許軍隊登陸，即是違反中蘇友好同盟條約。葫蘆島、營口可以登陸，稍遲在安東登陸亦可。

董：遲至何時可在安東登陸？

巴：此點馬元帥並無指示，余意在十一月上半月可以登陸。為便利華軍進駐，安東例外可在蘇軍未撤前登陸。但尚須向馬元帥請示後，始可決定。

董：余聲明關於大連不能登陸一點，請予保留。安東登陸問題，須向熊主任報告請示。

巴：其餘如閣下認為有可以登陸地點，亦可提出研究。

董：尚未加考慮。

巴：貴方前次提出派遣軍事代表赴大連視察，因大連係屬旅順軍港範圍，故我方不能同意。

董：根據中蘇友好同盟條約，大連為自由港，旅順為中蘇兩國共用之軍港，其行政權屬於中國，並有中蘇兩國合組軍事委員會之規定。本行營自可派員前往視察，前提派赴大連視察為王洽民氏，王為大連市接收委員，屬於行政官吏，更無不能前往大連之理由。

巴：以上可向元帥請示。

巴：貴方前請開公務火車問題，馬元帥已同意，但因軍運頻繁，且為軍事時期，對於行車時間，恐不能準確。

董：此點可以諒解。

巴：貴方前提在大連、瀋陽、長春、哈爾濱設航空站問題，除大連外其他三處可在蘇聯軍隊撤退前二、三日設站，大連不能設航空站。

董：關於大連不能設航空站問題，聲明保留。

巴：貴方提請借讓冬季服裝一節，因我軍服裝尚未運到，歉難照辦。

董：請在戰利品之布疋項下撥用，作為軍服材料。

巴：此項物品甚少。

貴方前提派金鎮、林家訓分別視察瀋陽、長春兩地，可予同意。但不得編保安隊，因在我軍駐區以內，實無此必要也。

董：此項問題容再商討。

巴：貴方前提派視察路政人員二人，瀋陽－錦州間我方可派員陪往；錦州－山海關間，因無我方駐軍，不能負安全責任。

其他問題俟下次會談再作答覆。

董彥平中將與巴佛洛夫斯基中將第三次會談內容摘要

民國三十四年十月二十六日

一、大連登陸問題

二、我軍將登陸營口、葫蘆島事

三、通告我將用飛機偵察營口、葫蘆島兩處港口事

四、安東登陸問題

五、交通工具請蘇方設法協助事

董彥平中將與巴佛洛夫斯基中將第三次會談記錄

時　間　民國三十四年十月二十六日二十時三十分

地　點　長春主任官邸

參與者　楊作人

董：奉令向閣下通告事項如下：

（一）大連登陸事，在未商妥以前，暫不登陸。

（二）我軍將分別先在營口、葫蘆島登陸。為明瞭該兩港之設備與現狀，我方將自十月二十九日起，用飛機開始偵查營口及葫蘆島之港口情形；我方部隊亦可能即自十月二十九日以後，陸續登陸。至運輸船舶、及偵察港口之飛機，均係借用自美國者。以上各項，我外交部並已通知貴國大使館查照。

（三）貴方同意安東登陸問題，正向我國政府報告請示中。

（四）交通工具，仍請貴方設法協助。

巴：（一）所談各問題，即電馬元帥報告。

（二）營口登陸問題，俟奉到元帥訓電，即行轉告。

（三）貴方如決定同時在安東登陸，希望先期通告。

（四）車輛實甚困難，但仍當盡力辦理，因吾人係同盟國也。

董彥平中將與巴佛洛夫斯基中將第四次會談內容摘要

民國三十四年十月三十一日

一、通告我方飛機已抵北平，即將視察營口、葫蘆島

二、提詢蘇方由錦州開往葫蘆島之蘇軍兵士已否安全到達

董彥平中將與巴佛洛夫斯基中將第四次會談記錄

時　間　民國三十四年十月三十一日十三時

地　點　長春蘇軍司令部

參與者　楊作人

董：前談葫蘆島、營口兩處，我方擬派飛機偵察港口狀況及設備，現我方飛機已到達北平，即將前往上述地點偵察，請再通知駐軍知照，以免誤會。

巴：關於貴國派偵察機偵察營口、葫蘆島港口事，已通知我駐軍，余負責答復會談後當再通知一次。據營口電話，在一小時前尚無華軍登陸消息，葫蘆島僅有無線電台，尚未叫通，據本月三十日之報告，我軍派赴葫蘆島之一排士兵，已於二十九日到達。二十七、八兩日，於葫蘆島海面曾發現美艦，但未登陸即他駛，去向不明。

董：貴由錦州開往葫蘆島的一排士兵，是否安全到達？

巴：不知其詳，但據率領隊伍之某少校報告，並無不安全之辭句。由營口撤退之部隊一部份開瀋陽，一部份開安東，並有另一部開遼東半島。茲將我軍撤退線路及日期通告如下：

營口	十一月十日撤出
古北口、水泉、錦州、盤山、牛莊、海城、岫巖、大孤山之線	十一月十二日開始撤一部向安東，主力向北

黃旗、郭家屯、寧城、朝陽、義州、黑山、遼中、遼陽、岫巖之線	十一月十五日開始撤
多倫、赤峰、黑水、新民、瀋陽、本溪、大孤山之線	十一月廿日撤 一部向安東，主力向北
大孤山、火營子、鳳城、寬甸之線	十一月廿五日撤至安東

董彥平中將與巴佛洛夫斯基中將第五次會談內容摘要

民國三十四年十一月一日

一、我軍擬由山海關開往錦州，請蘇方予以協助事

二、省市政人員接收問題

三、郵局、電報、電話、電燈等接收問題

四、空運部隊擬在長春、瀋陽降陸問題

五、在長、瀋之蘇軍何日撤退，我空運部隊何日可降落問題

董彥平中將與巴佛洛夫斯基中將第五次會談記錄

時　間　民國三十四年十一月一日廿二時

地　點　長春蘇軍司令部

參與者　楊作人

董：一、華軍由山海關到錦州行軍前進時，為減少阻礙，避免衝突起見，曾請貴方予以協助，茲再提出，請予考慮。

巴：因我方本身兵力甚感不敷，故僅能派一排士兵前往葫蘆島。此項小部隊對於中國軍隊登陸之安全，自不能負責，因人數太少，僅能觀察而已。由此可見貴軍由山海關至錦州之行軍，我方更不能予以協助。

董：二、現各省市行政人員，已到長春，即將分別赴任，關於接管之具體辦法，前經提商馬元帥，馬元帥謂此事已向莫斯科請示；不知現已接覆電否，如尚未得覆，請再催詢。

三、馬元帥前謂郵政、電信、電燈等可即由我方派員接收，現我方已派員前往辦理，特此奉告。先接收長春，次及各地。

巴：是否已洽定現在即可接收。

董：然。

四、我方希望空運部隊可在貴軍撤退前七天開始降陸，此事曾經熊主任與馬元帥洽商，馬元帥允於三天前，熊主任則希望於七天前，馬元帥允再請示，未悉已否得到回覆。

巴：俟明（二）上午向馬元帥報告後答覆，據本人所知，莫斯科尚無回電，接收郵電問題是否上次洽定可即日接收，余記憶已不甚清晰。

董：係上次熊主任與馬元帥洽定可即日接收，先接收長春，然後分赴各地接收。

五、請告知瀋陽、長春兩處貴軍何日撤退，我空運部隊何日可開始在瀋陽、長春降落，俾報告重慶，預先準備。

巴：迄我軍撤離為止，貴方空運部隊須準備多少時日？

董：須準備十天。熊主任希望於貴軍撤退前降陸，因此於十七天以前，即須獲知貴軍撤離長春、瀋陽之日期。

巴：我方計劃係十一月二十日自瀋陽撤退，十一月二十五日由長春撤退。或因交通困難及其他障故，照原訂計畫有一、二日之差，故目前不能預定準確日期。俟報告馬元帥，於撤退十日前，通知撤退之準確日期。

董：本人代表熊主任向貴方聲明，本行營並未在東北任何地區派員招兵，請貴方注意。

董彥平中將與巴佛洛夫斯基中將第六次會談內容摘要

民國三十四年十一月三日

一、蘇方答復行政人員接收問題

二、蘇方答復空運部隊問題

三、蘇方答復郵政、電信、電燈接收問題

四、主任賀蘇聯十月革命紀念事

五、美方人員來東北問題

董彥平中將與巴佛洛夫斯基中將第六次會談記錄

時　間　民國卅四年十一月三日十時

地　點　長春主任官邸

參與者　楊作人

巴：第五次會談未答各項，茲分別答覆如下：

（一）關於行政人員接收問題，可以隨時前往，具體辦法請與政治顧問巴夫里威接洽。

（二）關於空運部隊問題，馬元帥已規定在蘇軍撤退前四天降陸，準確日期於十日前通知。

（三）關於郵政、電信、電燈接收問題，郵政、電信現在停止狀態，電燈現正由我軍使用，與軍事有關，須待我軍撤退後方能交還。

董：郵政、電信可否先接收？

巴：亦須待我軍撤退後與電燈同時交還。

董：貴國十月革命紀念日，熊主任將親往道賀，請約定時間。

巴：甚感盛意，當即報告馬元帥，約定時間後通知。

董：少數美方人員擬來東北參觀，貴方可否予以接待？

巴：我方未奉到指示前不能招待，彼等安全問題亦難負責，接待事宜請貴方自理。

董：營口、葫蘆島方面有何消息。

巴：營口、葫蘆島迄昨（二）日夜一時半止尚無華軍登陸消息。

董彥平中將與巴佛洛夫斯基中將第七次會談內容摘要

民國三十四年十一月十日

一、空運部隊降陸問題

二、關於電台使用事

三、關於飛機降陸之警戒問題

董彥平中將與巴佛洛夫斯基中將第七次會談記錄

時　間　民國卅四年十一月十日十六時卅分

地　點　長春主任官邸

參與者　楊作人

巴：關於貴軍空運部隊降落日期及技術，我方之意見如下：

一、瀋陽空運部隊降陸，於十一月十七日起。

二、長春空運部隊降陸，於十一月二十日起。

三、在以上地方之飛機場，蘇方將設電台及地區司令部，專為服務該項飛機起落之用。電台內可由貴方派翻譯官，貴方飛機必須當日返回基地，不能在長春及瀋陽過夜，因機場無房舍可供借宿，但如發生意外問題，飛行員不能返還基地時，則可在飛機內住宿。

四、關於飛機降落後之警戒，由已降落之貴方部隊，自行負責。

五、飛機所用燃料及飛行人員之伙食，蘇方不能供給，必要時在技術方面，可予以幫助。（修理）

六、在每個飛行場，蘇軍將派蘇聯軍官負責飛機著陸。

在瀋陽機場之蘇方地勤人員及電台，服務至十一月二十日為止（二十日包括在內），長春服務至十一月二十三日為止（二十三日包括在內）。瀋陽在十一月二十一日中午止，長春在二十四日中午止，蘇軍完全撤出，飛機場同時撤出。蘇軍最後撤退之飛機，由華軍地勤人員協助起飛。

七、瀋陽城防司令高福同少將、長春城防司令加爾洛夫少將，於華軍降陸時，將劃出地區，以備華軍駐紮。

八、我方要求：

1. 華方空軍部隊，將飛機呼號及隊形，通知蘇方（長春、奉天同）。
2. 蘇軍在瀋陽呼號 5gH 話機 SELKA；長春呼號 7SD 話機，波長地上 191 米至機上 171。
3. 使用短波長問題俟後另商。

上述機場，每次祇能降落一架（跑道僅一條），如每日降陸二十架，最好五架一批，每批隔二十分鐘。

董：兩國空軍所用機器及使用技術，不盡相同，如多數飛機使用翻譯，亦諸多不便，擬於本月十七日或二十日以前，自設電台，以便連絡。

巴：所慮甚是，余當即請示，明日答覆。

董：飛行員在機場休息進餐處所，仍屬需要，請撥若干房舍，為飛行員食宿之用，嚴冬在飛機內住宿，實不可能也。

巴：有房舍，但無設備耳。

董：我方可自行設備。

巴：原則同意。

董：在貴軍撤退以前，飛機場警戒，仍由貴軍負責。

巴：飛機場警戒由我軍負責，貴方飛機則由貴方自行派人看守，城內治安亦由我軍負責。

董：降陸部隊，可否在飛機場附近駐紮一部份？

巴：可以。

董：地上勤務，仍請允於我軍降陸前二、三日自行準備。

巴：地上勤務人員，可先行編組，但無須於我軍撤退前服務，因我方對於貴軍安全擔負全責，故在負責期內，貴方機構不宜開始工作，以免混擾。

董：關於長春廣播電台，行營派員協助定向事如何。

巴：可照辦。

董：可否自飛機場至我方空軍司令部間及廣播電台至我空軍司令部間架設電話？

巴：請與我方空軍負責人接洽。

董：擬借大卡車、吉卜車各二輛，專為空勤人員使用。

巴：當儘量設法。飛機場設幾個電台？

董：每處設兩台。

董：我方在機場內之地勤設備事，請一、二日內答覆。

巴：一、二日內答覆。

日俘問題，俟整理好答復。

董彥平中將與巴佛洛夫斯基中將第八次會談內容摘要

民國三十四年十一月十一日

一、關於蘇方撥給輕武器及編組保安隊事

二、暹羅領事擬搭便機赴北平事

董彥平中將與巴佛洛夫斯基中將第八次會談記錄

時　間　民國三十四年十一月十一日十七時

地　點　長春主任官邸

參與者　楊作人

巴：我方現有三千枝輕武器，內包括步槍、自動步槍及若干子彈，即由哈爾濱啟運長春，擬撥作貴方編保安隊之用。

董：我方即著手編組成立。

巴：余今日只談武器問題，編保安隊事，俟明日答覆。錦州我軍已於昨（十）日撤退，營口我軍定今（十一）日撤退，特通告查照。

長春有暹羅領事某，擬搭貴方便機赴北平，可否請示覆。

董：俟請示。

董彥平中將與巴佛洛夫斯基中將第九次會談內容摘要

民國三十四年十一月十五日

一、董中將通告四事

二、關於俘虜問題

三、關於武器問題

四、城防司令部劃指定區域事

董彥平中將與巴佛洛夫斯基中將第九次會談記錄

時　間　民國三十四年十一月十五日廿二時

地　點　主任官邸

參與者　楊作人

董：茲向閣下通告四點：

（一）奉到政府命令行營撤到關內。

（二）根據條約派遣軍事代表團隨貴總司令部進止保持聯繫，政府派本人為代表團團長。

（三）行營準備自十七日起開始空輸。

（四）在空輸時間請予協助。

巴：（笑表驚諤之意）

俘虜敵人員原有十餘萬，現僅餘三萬六千六百三十七名，有病的、有服務的，已下命令，將病傷俘虜交當地政府，閣下對於俘虜數目增加，有無意見。

董：對於俘虜數目增加，本人無意見。

巴：哈爾濱運到長春武器計步槍七七口徑一八五〇枝，七六三口徑毛瑟一五〇枝，七七子彈一五萬發，刺刀五〇把（附表）。馬元帥意，空運部隊，到達指定區域後，不必移動，俟二十四日以後，可進入市區。

董：飛機場警戒由何人負責？

巴：由我軍警戒。卡爾洛夫少將最後撤離長春，俟至十一月二十四日再與卡爾洛夫少將商洽接防時間。董將軍是否隨蘇軍同行？

董：然。

董彥平中將與巴佛洛夫斯基中將第十次會談內容摘要

民國三十四年十一月十六日

一、蘇方通知空運符號

二、蘇方在佔領期間設立民航站問題

董彥平中將與巴佛洛夫斯基中將第十次會談記錄

時　間　民國三十四年十一月十六日十五時

地　點　長春主任官邸

參與者　楊作人

巴：通知空運符號，地上五〇、空中四五。

馬元帥致熊主任函一件，希速答覆。

蘇軍在東北占領期內（軍事時期），曾闢以下之航線：

1. 由赤塔經齊齊哈爾、哈爾濱、牡丹江至海參威之線。
2. 由伯力經佳木斯、哈爾濱、長春、瀋陽、大連之線。

以上兩線，擬改為營業性質之民航。在上述每一航站，設電台一部，及交通工具若干，人員三十餘名，蘇方要求，在兩日政府對民航問題，未協定以前，對上述各線各站，由地方政府予以保護。

董：須向政府報告請示，我方在事實上尚未接收，對於保護，實有困難。

巴：貴方對長春鐵路，如何保護？

董：長春鐵路護路警察權屬於我國，其勤務分配由理事會決定。

巴：上述各站，多在長春鐵路線上，由護路警察擔任亦可。

董：俟報告請示。

董彥平中將與巴佛洛夫斯基中將第十一次會談內容摘要

民國三十四年十一月十七日

一、蘇方通告暫緩撤軍以便協助中國履行八月十四日條約

二、關於民航問題

三、公安局五、六兩中隊聞被繳械拘禁請查明事

四、公安局張局長張貼佈告詆毀行營事

五、長春市情況緊張請查明事

董彥平中將與巴佛洛夫斯基中將第十一次會談記錄

時　間　民國三十四年十一月十七日十三時

地　點　長春主任官邸

參與者　楊作人

巴：余奉馬元帥命令，將以下之決定通告閣下，並請報告貴國政府：根據莫斯科命令，蘇軍暫時未得其他命令以前，緩行撤軍，並加強數處城防，以便中國政府在東北樹立政權，盼並穩固其基礎，以協助中國政府履行一九四五年八月十四日條約。

董：即報告政府。

一、貴方前提民航有關事項，係交通部主管，可由貴國大使館與政府接洽，若希望由行營經濟委員會轉達交通部，則請向該會接洽。民航站保護，當然由負地方治安責任之政府負責，一俟政府任命之地方官到任，當然不成問題。

二、軍事代表團決隨同貴總司令部進止，代表團一行共八人。

三、馬元帥十一月十六日來函，已向政府請示，俟得覆即轉知。

四、另有關於長春治安事三點，請閣下查明答覆：

1. 長春公安局第五、六兩中隊，撤去行營警衛職務後，聞全數被繳械拘禁，該官兵等在行營服務，頗為盡職，希望查明是否屬實。

2. 公安局張局長張貼佈告，公然詆毀行營，謂與行營有關係者，槍殺警察，公安局在史大林廣場召開民眾大會，煽惑暴動。本人認為揑造事實，反對政府，恐引起不良後果，事態嚴重，請閣下飭查答覆。
3. 長春市近七日以來，呈現緊張不安現象，便衣持槍之集團，到處集合示威。近三日以來，並沿街檢查行人，拘捕民眾，搜查住戶，情形益趨嚴重。希將上述各點，查明見告。

巴：對於長春警察問題，將徹底答覆。希望得公安局之佈告檢示一閱。

民航問題，可否由經濟委員會轉達交通部？

董：可由貴方經濟負責人，逕向經濟委員會接洽。

董彥平中將與巴佛洛夫斯基中將第十二次會談內容摘要

民國三十四年十一月十七日

一、長春市治安問題

二、長春市公安局接收問題

三、長春事行政機構接收問題

董彥平中將與巴佛洛夫斯基中將第十二次會談記錄

時　　間　民國三十四年十一月十七日二十二時
地　　點　長春主任官邸
參 與 者　楊作人　朱新民
蘇方參加者　卡爾洛夫少將

巴：今日與閣下所談長春治安問題，不欲拖延，故偕卡少將深夜來訪，公安局所張貼之佈告，我方並無所知。公安局召集民眾大會，事前亦不知，且當時已被我軍解散。長春市擬請由貴方委派公安局長，並請儘量在各城市，成立行政機構。對於長春市現呈現不安之事態，我方原無所知，市長曹肇元向馬元帥之書面報告，且稱長春治安甚佳。茲馬元帥已下令加強長春市防衛，並增加巡邏，今日偕卡少將來此，即係為協助貴方。公安局係原有機構，我方不能信任，偽滿所遺留之警察，吾人亦不能作何保證，故馬元帥希望貴方在長春設立警察，並接收長春市行政機構。

董：一、長春公安局接收問題

公安局屬於市政府，市政府未接收以前，僅接收公安局，實不可能。目前仍在貴軍駐屯期間，公安局在貴軍指揮之下，仍請貴軍多負責任。

二、接收行政機構問題

行政機構之接收有不可分性，應求東北整體之接收，以目前情勢，試問如何接收，方能順利無阻？現行營正在轉移位置，請閣下設想，余將如何著手？

以上兩點，馬元帥需我方答覆否？

巴：此一向為馬元帥之意，本人不過再重覆提述而已。

卡：貴行營余當負責保護，明日（十八日）盼雙方派員勘定應護衛之地點，此後如有不愉快之事情，並請向余直接接洽。

董彥平中將與巴佛洛夫斯基中將第十三次會談內容摘要

民國三十四年十一月二十一日

一、空運長春部隊暫不派遣事

二、軍事代表團配屬無線電台事

三、公安局擅派于天放為中長路護路隊總監請查明事

董彥平中將與巴佛洛夫斯基中將第十三次會談記錄

時　間　民國三十四年十一月二十一日十四時

地　點　長春蘇軍總司令部

參與者　朱新民

董：一、關於東北接收事，我政府與蘇政府商談中，在雙方政府尚未商妥以前，空運長春部隊，暫不派遣。

二、軍事代表團配屬無線電台一部及電務人員九員，隨貴總司令部進止，以便通信。

巴：請將電台重量及電務人員確數告知，以便將來有行動時備車。

董：中國長春鐵路理事會張理事長據一名于天放者呈報略稱：「奉長春市公安總局長傅達鈞會令于天放為中國長春鐵路護路公安總隊總監」等語，查張理事長及卡爾金副理事長，均不知此事，未知係奉何人之諭，請閣下下達「有使鐵路當局滿意」之命令，以符合條約之精神。

巴：總司令部及城防司令，均不知此事，亦未發布此項命，路局自不應將路警交於于天放，為今之計，即將原任總監復職，邇後遴選何人，由張理事長決定，我方不加干涉。

馬元帥致熊主任函，希速答覆。

董：原函已寄重慶，有覆示時，即為轉告。

董：軍事代表團，擬向馬元帥致敬意，請閣下代約時間。

巴：馬元帥已染病一星期，二、三日或能痊愈，屆時再為通知。

由哈爾濱運來之槍枝，現存蘇軍司令部，用時可以來取。

董：現仍請存貴軍司令部，用時再取。

董彥平中將與巴佛洛夫斯基中將第十四次會談內容摘要

民國卅四年十一月二十六日

一、擬即就偽中央銀行舊址設立中央銀行長春分行，請予遷讓

二、推薦長春市公安局長事

三、代表團仍用行營原址為辦公處所事

董彥平中將與巴佛洛夫斯基中將第十四次會談記錄

時　間　民國三十四年十一月二十六日十三時

地　點　長春蘇軍司令部

參與者　楊作人　邱楠

董：根據中國長春鐵路協定第十四條：「締約國同意供給中國長春鐵路理事會以流動資金，其數額由鐵路章程規定之」。茲長春鐵路已於昨日起正式通車，我方為便於履行上項條文所規定之義務，擬即就偽中央銀行舊址設立中央銀行長春分行。又行營經濟委員會為便於調度亦擬在同一地址辦公，是項建築物，貴軍如不十分需要，擬請惠允遷讓，再偽中央銀行內之印刷所，亦請一並讓予使用。

巴：余當將此意報告敝軍元帥。

董：前承貴元帥及貴將軍閣下面囑推薦長春市公安局長人選，當以一時想不起適當人物，未遂奉答，現經數日來之慎重考慮，為求公安局與市政府之工作易於聯繫起見，擬請就前任局長趙萬武及現任副局長前任督察長劉志格兩君中，擇一遴任。但無論何人出任局長，均盼能以恢復趙萬武時期之狀態為原則，僅提供此點以備貴方之參考。

巴：余當將尊意報告敝軍元帥。

董：本代表團尚需用汽油若干，擬請撥借。

巴：可以，當差人送上。

董：本代表團決定就行營原址為辦公處所，即此面告貴將軍查照。

董彥平中將與巴佛洛夫斯基中將第十五次會談內容摘要

民國卅四年十一月二十七日

一、我方準備空運軍隊至長春、瀋陽

二、我軍於日內即可到達錦州

三、蘇聯撤退延期一個月問題事

四、我軍俘虜編入長春市公安隊事

五、向市政府、公安局分別派聯絡員事

董彥平中將與巴佛洛夫斯基中將第十五次會談記錄

時　間　民國三十四年十一月二十七日十四時

地　點　長春蘇軍司令部

參與者　陳家珍　楊作人

董：奉本國政府電令通報貴方事項：本月二十六日下午八時我外交部再復蘇大使館照會，其要點為：

一、我方正準備以空運軍隊至長春、瀋陽。

二、瀋陽以南地區，蘇聯政府既聲明蘇軍已經撤退，我方正派軍進入該區，並於日內即可到達錦州一帶。

三、其他未經商定問題及蘇軍撤退延期一個月問題，我方當照蘇方提議即派代表來長春與馬元帥就地商定。

上述照會內容請為轉達馬元帥閣下。

巴：當為轉達。

董：前經貴軍解放之我軍俘虜二百九十名擬全部編入長春市公安局保安隊，藉對彼等有所安置，請閣下予以諒解。

巴：自無問題。

董：本代表團為求與長春市政府及公安局事務處理上之圓滑起見，擬即分別派遣聯絡員各一名，但所聯絡者僅以本國代表團庶務上之事務為限。並不使其負有其他任何任務，此點亦請閣下諒解。

巴：無異議。貴方空運部隊及代表到來之時日，務請提早通知，因各地地上勤務之準備及部隊駐區之劃分等，均需相當之時間。

董：我方部隊及代表到來之時日，予現尚無所知，當即向政府請示，俟奉到訓電再為轉達。

董團長與特羅增科中將會談記錄

董團長與特羅增科中將第一次會談內容摘要

民國三十四年十二月十一日

一、新民、阜新接防前雙方互取聯絡事

二、遣送日俘返國問題

三、蘇軍駐屯區域之公共建築請加保護事

四、三千枝輕武器請撥給事

五、派聯絡官協同接收問題

六、關於空運聯絡之事項

七、張開峰在奉天編組光復軍是否偽冒事

董團長與蘇軍參謀長特羅增科中將第一次會談記錄

時　間　民國三十四年十二月十一日十三時

地　點　長春蘇軍總司令部

參與者　楊作人　邱楠

董：前次貴方詢問現向新民、阜新兩處前進者是否中央部隊一節，現經查明我方部隊擬向新民、阜新接防，但尚未前往，盼貴方將該兩處貴軍部隊長之姓名告知，以便派員前往聯絡。

特：君意是否欲我方告知該兩處部隊長之姓名，並命令渠等與杜司令長官之部隊採取聯絡？

董：然。

特：余現在尚不能立即答覆，蓋余亦不能確知渠等之姓名，余當為查詢，俟查明後即可奉告，但貴方擬派往該兩處之聯絡官姓名，亦盼見示，俾便聯絡。

董：當即為查明奉告，又貴軍在黑山、義州兩處部隊長之姓名，亦請見示。

特：現該兩處蘇軍甚少。

董：現本國內地日俘之處理事務，以大體就緒，關於東北部份，甚盼早日開始，亦為貴軍撤退時，減少一層拖累……

特：（插入）我方已準備將日俘交當地政府處理。

董：當地政府接受後亦甚困難，蓋遣送回國問題，仍須中央政府處理，現擬就日俘數量、集中區域及是否用中美船艦運送返國各點，與貴方加以研討，俾作準備。

特：余對此並無異議，余前曾表示凡日俘無論軍民均交由當地政府處理，就余記憶所及，前次約有三萬餘人因有病不擬運送蘇境，準備移交貴方處置，但現在數目或恐有增加，蓋有藏匿山林間而繼續不斷為蘇軍俘獲者，俟查明確數及地點後，再為奉告。前次本軍準備撤退時，曾於十一月二十一、二十二日左右，下令將日俘移交當地政府，惟究竟已交多少，尚未據確報，亦俟查明後答覆。所有日俘包括住院病俘在內，均可移交。（笑謂）至移交後是否及如何遣送返國問題，蘇方對此並不感興趣，關於處理日俘一事，盼貴國政府亦同樣下令各地已接收之地方政府知照。

董：對於遣送返國之方法，貴方有何意見否？

特：此為貴國政府之事，我方不能協助，亦不擬參加意見。

董：我國政府準備由大連港口運送，貴方有何意見否？

特：關於利用大連港問題，當報告馬元帥，但就余所知，大連港不屬馬元帥管轄區域，馬元帥仍須請示莫斯科。

董：我方甚願聽取貴方意見，因此並未作決定。

特：余甚瞭解貴方之意，遣送日俘返國，自以經由大連為便捷，但大連非本軍管轄範圍，故不便表示意見。

董：貴軍駐屯區域之公共建築，盼在中蘇友誼之關係上，惠予保護，俾便將來利用。

特：三日以前，本軍總部尚有命令飭各地駐軍加意保護各種公共建築物，橋梁長在五十米以上者，必須盡力保護，余意沿長春鐵路幹線各處當可望無虞，其他如洮南一帶因駐軍較少，兵力不敷分配，或難免保護不週之處。

董：前與巴中將第八次會談時，承巴中將告知貴方有三千枝輕武器，即由哈運長，作我方編組保安隊之用；與巴中將作第九次會談時，亦曾提及，現我方對此項武器甚感需要，可否即予撥用？並為事實需要，擬請另行加撥若干。

特：此事余頗知其原委，緣該項武器運到長春後即暫存入我方倉庫，馬元帥前曾向貴方提及長春地區有數處倉庫失火之事，該項武器彈藥等不幸即在此次火災中全部損壞。該項武器原係獲自日本之戰利品，自可撥給貴方使用。但蘇軍原有之武器則不便讓予，現大連、哈爾濱、長春各處日本槍枝若干，不得而知，俟查明後再為奉告。惟據余估計，當不足三千之數。

董：前次張主任委員與馬元帥提及請貴方派聯絡官協同接收之問題，不悉現在貴方已有所決定否？

特：尚未接奉莫斯科之復示，惟據余所知，東北縣旗太多，恐我方人手不敷。

董：如確實有困難，則僅限於各省會、大城市亦可。

特：如此則甚易，此事余曾與馬元帥商酌，本軍在各省會、大城市均有城防司令，可即令其就地派員聯絡並擔任協助接收。

董：凡有貴軍駐紮之城市，盼均採同樣辦法。

特：可以，我方可通令各地駐軍照辦。

董：但各省會、大城市仍盼貴軍總司令部派遣聯絡官陪同接收人員前往，俟接收完竣後，再回返貴軍總部。

特：當報告馬元帥，余意當可能辦到，請將貴方所指各省會、大城市之地名見告。

董：余所指為瀋陽、安東、四平街、吉林、哈爾濱、牡丹江、佳木斯、北安鎮、齊齊哈爾、海拉爾、大連等十一個城市。

特：何時可以接收。

董：大抵一週內即可開始接收，派聯絡官問題請善為報告馬元帥。

特：當詳為報告，如馬元帥派聯絡官，則請將接收之地點、日期、人數等通知。

董：可，關於前提之大連問題，貴方已有所決定否？

特：已報告本國政府，現尚未奉復示，大致一、二日內即可奉到，屆時當立即通告貴方。

董：余建議擬假長春廣播電台，向內地報導此間中蘇友好情形，以免外界誤會。

特：當報告馬元帥，如獲同意，即用電話奉告，至技術問題，俟同意後再行商洽。

董：今日余所提出者至此為止。

特：余尚有關於聯絡之事項，即此通告貴方：

一、貴方空運部隊之計劃及日期盼告知。

董：奉到命令後即為通知。

特：二、設電台及定向台事，已派定空軍少校蓋爾門曼維支負責與貴方聯絡。

三、電台定向台與貴方空軍地區司令部之間，由我方裝置直達電線，機場與貴方空軍地區司令部之間，無自動電話，可裝置直達電線，但請貴方派人值日。

四、營房請貴方自行派人守護。

五、地勤人員對貴方飛機服務技術，請與蓋少校接洽，俾符合我方規則。

六、機場警戒可保證安全。

七、貴方飛機降落後如發生故障致當晚不克飛返時，可由我方協助修理，但除特殊情形且僅為一、二架之少數飛機外，我方不供給用油。

八、貴軍需用房舍已照撥。

九、貴方飛機如用美國駕駛員，我方並不反對。

十、貴方空軍地區司令部，囑我方於下雪時，代為打掃機場跑道可照辦，關於貴方飛機停放區位，亦已與貴方空軍地區司令部洽妥。

十一、前貴方請另撥卡車十輛，可借用，但尚不能讓予。

十二、中航機標誌請照原尺寸備一圖樣送本軍總部及蓋少校備查。

十三、貴方擬利用長春廣播電台定向，可無異議，必要時，貴方可派人聯絡。

董：擬派一技術員赴廣播電台聯絡。

特：嗣後長春廣播電台之氣象報告可用華語，在貴軍空運期間，可由貴方派人協助定向，俟貴方將空運計劃告知後，余盼有一時間就各項細目問題，與閣下詳加研討，此外關於其他問題，余尚有幾點請查照：

一、請將貴方陸地部隊推進計劃見告，俾便我方擬定撤退計劃。

二、馬元帥已令知新民、阜新兩處駐軍，謂貴軍在雙方未協定前，不向該兩處前進，對瀋陽、彰武、赤峰、多倫各地駐軍，亦有同樣命令。

三、馬元帥令余向貴方敦促早日接收行政及編組警察，俾本軍得早日卸去重責，余意凡有本軍駐紮之城市均可即日接收。

董：接收人員一時未到，係因現在飛機正用於運送軍隊之故，余意料不久即可到達。

特：據情報：有一張開峰者，自稱二〇九師師長，隸屬第十五集團軍第四師師長郭華風，並奉天國民黨黨部李光忱之命編組光復軍，已成立第一師第一旅，其證件係用綢質，上書軍事委員會第四司令部，不知是否與貴國中央政府確有聯繫，如係偽冒，本軍即採適當處置。

董：難免有偽冒情事，此項軍隊我國政府毫無所知。

董團長與特羅增科中將第二次會談內容摘要

民國三十四年十二月十八日

一、杜長官為與蘇軍保持連繫擬派連絡組事

二、北寧路高台山橋梁、白旗堡橋梁被炸毀及打虎山鐵軌被拆去請蘇軍制止事

三、撫順—奉天—新民—彰武—赤峰—多倫以南地區我軍進駐問題

四、答覆所詢張寶山、郭世誠地下工作人員事

五、長春大陸科學院請加保護事

六、蘇方通告：

1. 撥給我方武器事
2. 接收連絡官事
3. 長春廣播電台使用問題
4. 進兵東北之計劃早日提交事

七、蘇方提請將主席夫人抵長日期及歡迎程序早日通知俾便準備事

董團長與特羅增科中將第二次會議記錄

時　間　民國三十四年十二月十八日十五時

地　點　長春蘇軍總司令部

參與者　陳家珍　楊作人

董：東北保安司令長官杜聿明中將，為與貴軍保持密切連繫起見，擬派遣連絡人員三組：

第一組	新民至瀋陽組	上校參謀王佩璽 上校參謀佟育賢	派至溝幫子以東之青堆子
第二組	義縣至阜新、通遼組	中校參謀姚如珪 中校譯員趙超	派至錦縣北上齊台爾後至清河門
第三組	赤峰至多倫林西組	上校參謀王廷宜 中校譯員王宣孝	派至葉伯壽以北二龍

以上每組並各派武裝兵五名隨往，請貴軍約定時間，並請派員至以上各地接洽，茲檢同各組所持軍用證明書樣張送請查照。（當面交證明書樣張四份）

特：貴方所提聯絡組派往之地點，距我軍駐地均甚遠，若將證明書樣張送去，必多費時間，否則又恐引起誤會，余將於研究後提出若干地點，再行商討決定。

董：甚表同意，關於派連絡組事，將補送一書面文件。

特：甚所希望。

董：據杜長官通報，北寧鐵路高台山第57 號橋梁，及白旗堡鐵橋均被炸毀，又巨流河、柳河橋梁，均裝有炸藥，打虎山附近鐵道路軌被掘去一公里餘，請貴軍設法制止，以免妨礙我軍之前進。

特：閣下所提問題，余深表惋惜，惟自十一月以後，我軍已自錦州撤回新民，在上述區域內，並無我方駐軍，故不能負此責任，且我政府有令，軍隊由現駐地不能前進一步。至於新民以北至奉天之鐵道，可保證完全交與貴軍。

董：撫順－奉天－新民－彰武－赤峰－多倫之線以南地區，我軍是否可以隨時進駐。

特：可以隨時進駐遼陽、海城、鞍山等地，僅有少數蘇軍看守財產，但絕無妨礙貴軍進駐之顧慮。

董：安東如何？

特：安東屬於東戰區，不歸本軍管轄。

董：關於貴方擬派飛機至北平接貴軍戰俘事，即可照辦（面交復函）。又前接閣下十二月十三日函詢各事，茲作口頭答覆如次：查宋紹山不知其為何人，張寶山、郭世誠等，乃從前地下工作人員，但聞黨部早已令其停止工作，至秦田榮、秦徵、廉家秀三人等，其譯音似與本行營金典戎、金鎮、林家訓三中將相似，此三人曾經本行營提名正式通知馬元帥，嗣以收編團警事未經商妥，不曾派出，已隨行營撤退至北平，林家訓一員因公差曾一度來長春，茲已公畢返平，貴方所詢是否中國軍隊之正式代表，當無其事。

特：據張寶山稱金鎮曾在奉天給他的命令。

董：金鎮向未到過奉天。

特：余所以提此問題，實因恐引起誤會，滿洲境內有很多將軍難明真偽，深恐有開罪之處，故願知其詳。

董：我方如在東北各地，派遣工作人員，事前必先通知貴方，至八一五前，我方地下工作人員甚多，早已由黨部令其停止活動，現在有無活動情事，尚未得到報告。

特：現在各地妄動者，想仍係以前地下工作人員。

董：當通知黨部，再申前令，停止其活動。

特：東北中心地區很少這些人活動，但北部如齊齊哈爾、綏化、牡丹江、佳木斯等處，尚有很多號稱黨的軍隊，在活動中。

董：在中央軍隊尚未進駐及政權未確立前，代表團對此等事之制止，實感困難。

特：很同意閣下的見解，即蘇軍亦未能全部佔領東北，對此事亦不易制止，故盼貴國從速接收。

董：例如近日有人，持印有東北行營字樣之軍人符號臂章，來詢問真偽，余則全然不知，無可回答。

特：是的。

董：長春大陸科學院，為東亞僅有之科學研究機關，純屬於文化事業，我政府對此特別注意並關心其安全，在貴方駐軍期間，務希予以保護。

特：希望貴國軍隊及空運部隊，從速進駐東北，此地警察力量不足維持治安，余將調查該院內容再答覆。

董：此科學院為全國人民所最關心者，盼以中蘇友好之精神，善加保護之。

特：有何破壞之事實否？

董：例如屬於科學院之馬疫研究所、地質研究所，已遭破壞，惟科學院主要部分大體尚完好。

特：在余之調查期間，當先令城防司令加以保護。

董：如該科學院得獲保全，非僅表示中蘇人民之注意科學研究，亦且為人類謀福祉不淺。

特：當先派警察守護。

董：相信貴我兩方為均能注意此事，當不至再發生意外。

特：余尚有數事奉告：

1. 上次與閣下所談撥交貴方武器一事，所抱歉者，即是數目不能太多，現僅撥交日本步槍一千七百枝、毛瑟槍八十枝、刺刀五百把、步槍彈五萬發左右。
2. 關於行政接收之連絡官，我方業已派定，昨曾與蔣特派員談及，希望將接收日期、接收人員數目及姓名，提前通知我方，所派之連絡官，僅係伴送貴方接收人員，並非保護，俟到達各地，當由所在地駐軍協助接收。
3. 關於長春廣播電台之使用問題，貴方可以使用，但須先提出廣播之內容，經蘇軍部之認可，方可發表。
4. 因鑒於上次我軍撤退未加連繫，此次貴方進軍東北之計劃，務請早日提交我方，俾據以策定撤兵計劃，雙方得確保連繫，空運部隊開始日期及計劃亦望早為通知，貴方連絡組僅為連絡而設，難知全般計劃，最要者為進入奉天之日期，甚望早日告知。

董：當俟報告請示後再答復。

特：城防司令請示，擬將派在貴方各駐所之警戒兵撤退，僅留連絡官，未知閣下以為如何？

董：除軍事代表團及熊主任官邸外，可僅留連絡兵各一。

特：昨張、蔣兩先生云，蔣夫人擬來東北慰勞蘇軍及東北民眾，請提前將來長日期及留長期間之日程並貴方歡迎程序等通知我方，以免臨時準備不及。

董：一俟接到確息，即儘先奉告。

董團長與特羅增科中將第三次會談內容摘要

民國三十五年一月三日

一、關於各地撤退及接防之程序與辦法日期等項

二、蔣夫人來長慰勞，為準備慰勞品，請告官兵概數

三、遼北擬往接收，請派連絡官事

四、收到撥給槍枝，已著手編組第四總隊事

五、請移交南嶺及瀋陽北陵之俘虜官兵事

六、第五師暫緩空運，改運第二總隊事

七、吉林小豐滿發電所請加保護以便安全移交事

八、答函詢張學直、郭化分等十三人並無所知

九、第五軍彭副軍長偕員兵赴瀋陽設營事

十、長春撤退時所遺房舍希與趙市長接洽加以保護事

董團長與特羅增科中將第三次會談記錄

時　間　民國三十五年一月三日十五時

地　點　長春蘇軍總司令部

參與者　邱楠　許培堯

董：茲特向閣下通告以下各事：

一、奉政府訓電：蘇軍撤退日期已由我外交部與貴方商定二月一日撤完。瀋陽之撤退與接收定為一月十五日。關於各地撤退及接防之程序與辦法日期等，擬與閣下洽商決定，以便報告政府。

二、奉政府訓電：我蔣主席夫人因貴軍返國期近，將親來東北慰勞貴軍將士，為便於準備慰勞品數量起見，擬請將貴軍官兵概數見告。

三、我遼北省主席劉翰東以偕省府人員到達長春，日內即赴四平街接收省市各機關，擬請派遣連絡官伴送，並希轉知四平貴軍司令官予以協助，又附近梨樹、遼源、開源、西安、昌圖等五縣亦請派連絡官協助先行接收。

四、貴軍撥給我方使用之槍枝均先後收到，特表謝意。我方為確保長春將來之治安計，已著手組織東北保安第四總隊，其司令部設於滿拓大樓，由本團團員陳家珍少將負責組織，自本日起開始辦公，特通告查照。

五、長春南嶺收容之俘虜官兵約七百餘名，瀋陽北陵收容之俘虜官兵約七千餘名，希望即時移交我長春、瀋陽兩市府接收，以免繫累貴方。

六、奉政府訓電我原定空運來長知第五師暫行緩運，先派遣東北保安第二總隊（三個團，官兵四千員名）空運來長，因北平日來大雪，雲層甚低，改至本月五日起開始運輸，預定每日派飛機十架，特此通告貴方，其有關空運技術問題，仍將由我空軍第十四地區金司令與貴方直接洽辦。再自本月五日起請貴軍派卡車十輛協助我方地上勤務，並運輸我方空運抵長之部隊。

七、吉林小豐滿發電所，關係東北民生及工業前途至巨，日前線路發生故障，影響市民心理甚大，爾後擬請貴方惠予保護，並盼將小豐滿發電所安全移交我方。

八、閣下十二月二十八日函詢張學直、郭化分等十三人是否中國軍隊指揮部的代表一事，除李光忱一員係前遼寧省黨部主任委員外（李早已奉令返北平），餘皆不知其人。

九、據杜司令長官電稱擬派第五軍副軍長彭璧生少將率參謀副官等十一員、士兵二十名、乘汽車三輛，於一月四日赴新民後，再換乘火車往瀋陽設營，特通告貴方查照，轉知各該地區司令官協助。

十、長春貴軍撤退後，所遺房屋，盼先與市政府採取密切聯繫，俾水電什物不致損壞，並希望派負責人與趙市長接洽。

再余尚有一事相詢，即余今日獲見閣下一九四五年一月二日函提及昌土爾及托洛諾爾兩處地名，因係譯音，不甚明悉，托洛諾爾是否即是多倫？

特：昌土爾即華德又名加卜寺，托洛諾爾即是多倫。如送至該兩地不方便，則改送至北平亦可。

董：余今日所欲提出者祇此而止。

特：茲就可奉答者陳述如下，餘俟請示馬元帥。

一、蘇軍詳細撤軍計劃將於一、二日內送達閣下，瀋陽蘇軍將自一月十日起開始撤退，但未必至一月十五日即可撤完。故屆時貴軍進駐瀋陽之時，仍或不免兩國軍隊同時同地相處，此點謹提請為貴軍設營之參考。又吾人願知悉一月十五日貴軍有多少部隊進入瀋陽，俾便令知城防司令配置營舍。又貴軍是否僅沿奉山鐵路線即新民一線進入瀋陽？如由其他方向同時推進，亦請見告，俾便下令通知，免滋誤會。

董：由新民向瀋陽推進已確定，其他方向則余尚無所知，俟詢問杜司令長官再答覆。

特：二、關於蔣主席夫人住所，自當慎重研究，因各種條件均須適當也。余意前偽滿各大臣私宅，設備較優，盼趙市長偕同城防司令卡爾洛夫少將前往勘察，如趙市長認為滿意，即可令原居住人暫為遷讓。

董：余即通知趙市長，盼閣下亦通知卡爾洛夫少將。

特：招待及內衛事宜，希由趙市長負責，外衛兵及交通工具，可由我方負責。至貴方歡迎夫人程序盼預先示知，蘇方以半主人地位，甚願積極參加。

董：貴軍人數可見告否？因夫人須明瞭一概數，以便準備慰勞品也。

特：此事頗不便設辭，蓋吾人若為自已定禮品，似不相宜，全東北境內蘇軍，殆以數十萬計，亦不便全數均接受夫人之慰勞品，此事余當報告馬元帥，但余意仍以貴方自行斟酌較為相宜。

三、赴四平街聯絡官可照派，其他五縣俟按圖研究距離遠近後再答覆。

四、貴方著手籌組保安第四總隊事，自無異議。

五、閣下所指南嶺等處收容之俘虜，是否昔日反蘇者？

董：係曩時協助維持地方治安者，例如長春王夷新所部，此項兵員貴方前次曾允由我方接收，嗣因行營撤退，未果其事。

特：上次所提日本病俘決定交由貴方處置，已有若干移交市府。今閣下所提係與日軍共同對蘇作戰者。

董：余提此僅係循彼等請求，如係反蘇者，當另考慮處置辦法。

特：六、改先派第二保安總隊事，自無異議，十輛卡車即可下令撥借貴方使用。

七、長春市區現由蘇軍警戒之電廠、工廠等一、二日內即可開具一清單送交貴方，如認為有特須保護之處，俟再與貴國軍對研究詳細接防辦法。前次小豐滿線路發生故障，諒係奸人破壞，現已飭工趕修復原，惟此線過長，須用強大兵力始能保護周密。

八、關於杜司令長官派遣彭副軍長赴瀋陽事，當分別通知瀋陽及新民城防司令。

九、長春市蘇軍各處營舍，已下令城防司令妥為移交，此次情形，預想當可較上次良好，蓋吾人可與貴方之市政府切取聯絡，上次僅能移付警察，而警察本身即不可靠。長春警察局貴方已接收否？

董：業已接收。

特：關於貴國軍隊進入瀋陽人數，務盼示知。蓋我方駐瀋有若干部隊不在城防司令指揮系統之內，仍須此間主管之部隊長官下令，並希望杜長官代表抵達瀋陽時即將所有希望蘇軍辦理之各點，經由城防司令轉報蘇軍總部，再由此間下令辦理。

董：瀋陽係一交通樞紐，究有若干軍隊進入瀋陽，恐難確定。

特：但事實上仍須確定，俾便於準備營舍，天寒如此，露營殊不可能也。

董：閣下顧慮甚是，但杜長官本人不入瀋陽，恐難確定。

特：關於營舍問題，可否由杜長官採權彭璧生少將負全責與城防司令接洽。

董：如此甚好。關於設營及進兵路線均可令由彭副軍長負責與貴軍城防司令聯絡。

董團長與特羅增科中將第四次會談內容摘要

民國三十五年一月七日

一、希蘇方派代表赴新民洽商彰武方面接防事宜

二、我方赴赤峰之連絡組，以途中有非法武裝，請蘇方代表至二龍迎接，以便同赴赤峰事

三、請蘇方將應予授勳人員姓名、官階、簡歷於一月八日前通知事

四、中央銀行長春分行之自用電台擬開始通報，請查照事

五、一月五日函詢之張少達，不知其人

六、大連市府擬往接收，請予預派連絡官事

七、各省市擬編警察隊，請蘇方各地駐軍撥給槍械事

八、致謝撥給手槍百支，但無子彈，請再酌給事

九、關於蘇軍撤退計劃問題

十、蔣夫人來長確期，蘇方盼早日示知

十一、為解決長春煤荒請蘇軍派兵護車事

董團長與特羅增科中將第四次會談記錄

時　間　民國三十五年一月七日十三時

地　點　長春蘇軍總司令部

參與者　楊作人　邱楠

董：今日擬向貴軍通告事項如下：

一、杜長官一月五日來電稱：我方新民連絡組王佩璽上校已與貴軍代表會商，貴方提請我方在新立屯之第二連絡組姚如珪中校不必赴彰武而改至新民會商，已令姚中校於六日晨經大虎山至新民，特通告貴方，希指派代表洽商彰武方面接防事宜。

特：余今日據報，杜長官派一少將到達瀋陽。

董：即彭璧生少將，係昨日下午三時到達者。

特：既是少將到達瀋陽，則彰武一組已無聯絡之必要。余已指示各地部隊協助中國軍隊前進，現杜長官代表已到瀋陽，一切問題自均可就地解決。

董：二、杜長官來電稱：我應派赴赤峰、四道井子之連絡組亦以途中有非法武裝盤踞，盼望貴方代表至葉柏壽以北之二龍迎接，以便同赴赤峰。

特：此點余可立即答覆：蘇軍在該方面部隊甚少，如中途有非法武裝盤踞，我方代表恐亦無法前往。

董：三、本國政府擬於貴軍撤退前對於收復東北有關之貴國各級將領授予勳章，請將應予受勳人員姓名、官階及簡歷於一月八日前通知本代表團以便報告政府。

特：竊當報告元帥，幾日內即可答覆。

董：四、我中央銀行長春分行之自用電台即擬開始通報，特通告查照。

特：此項電台係與重慶通報者乎？

董：然。

特：此事大致可無異議，俟請示後立即答覆。

董：五、前閣下一月五日來函詢問張少達事，行營方面毫無所知。

特：此人係於一個半月以前在新民逮捕者，渠自稱杜將軍之部下，因不辨真假，故一面留押瀋陽，一面向閣下詢明，茲既查明究竟，我方當採適當之處置。

董：余所稱係指行營方面並無所知，至保安司令長官部方面，余當再去電杜長官詢問。

六、大連方面經准貴方覆函答稱可無阻礙，余已去電通知大連市接收人員即日來長春，轉往大連接收，請貴方預為派定聯絡官並完成其他必要之手續，俾接收人員到達後即可出發。

七、旅順軍事委員會貴方委員名單盼通知本代表團轉報本國政府，俾便決定我方人選。

特：大連接收事，隨時通知，即可隨時派遣聯絡官，旅順軍事委員會我方委員名單，據余所知尚未決定，俟後查明通知。

董：松江、嫩江、合江、黑龍江、興安五省我方即將前往接收，松江、嫩江兩省人員已到達長春，明日擬分別出發，盼通知當地駐軍並派遣聯絡官同往。

特：松江、嫩江兩省明日即照派聯絡官。

董：每省市均各隨帶警察一個中隊前往。

特：自無異議。

董：各省市均擬編組警察隊，惟缺乏槍械，擬請閣下轉令貴方各地駐軍司令部酌予撥給槍械。

特：盼貴方自派武裝警察，因當地駐軍恐撥不出槍枝。

董：希望多少有一點，例如哈爾濱市現以槍械全付缺如，即無法編組警察，根據吾人之友誼，盼在可能範圍內予以協助。

特：竊為調查。如有，當在可能範圍之內撥給。

董：長春市前承撥給自來得手槍一百枝，甚感謝，但是項手槍並未附有子彈，請一併撥給，俾便應用。

特：此項槍枝係得自日本軍隊者，但子彈則未經繳獲，無法撥給。

董：仍煩為查詢。如有則請撥給。

特：據余所知並無此種子彈，如有自可撥給。

董：前次余所提遼北省梨樹、遼源等五縣請加派聯絡官及貴軍撤退計劃問題，不悉有無決定。

特：關於本軍撤退計劃問題，余已與馬元帥談過，自應遵照協定於二月一日撤完，惟尚有兩點困難，即撤退路線及所需燃料問題是也。張家口一帶蘇軍已決定自一月二十日開始撤退，至二月一日即可全部撤至外蒙，但其餘部隊際此冬寒雪深，不能徒步行軍，均須經由鐵路即中長鐵路撤退，如此則燃料頗成問題。此項事實張理事長嘉璈亦所深悉者，故蘇軍撤退計劃只能完全根據鐵路交通情形而定，如燃料、車輛足用自可如期撤完，如照目前運輸條件，則能否自一月十五日開始撤退，恐亦成疑問，但無論如何蘇軍當仍作自一月十五日開始撤退之準備。

董：五縣聯絡官問題如何？

特：可由總部照派。

董：哈爾濱附近雙城堡、阿城、賓縣三處亦請派遣聯絡官。

特：當通知哈爾濱城防司令照派。

董：接收松江、嫩江等五省時，擬仍派本代表團團員楊作人前往協助。

特：自無異議。

董：方才閣下所稱張家口一帶蘇軍是否包括多倫、赤峰在內。

特：加卜寺、多倫、赤峰一帶蘇軍亦決定自一月二十日開始撤退。

董：余今日所欲提出者至此為止，閣下有何見告者否？

特：貴方空運部隊已安全到達長春，我方極表欣慰，惟近日最使余注視以至坐臥不安者即蔣夫人將蒞臨長春之消息，吾人深盼早日示知蒞長確期及留住時日，俾作準備，且蘇軍撤退日期亦與此有關，蓋如夫人蒞此而蘇軍已去，則殊為失禮也。聞市政府正在積極準備歡迎，我方面亦擬參加聯合辦理，盼早日將歡迎計劃通知，俾便連絡。關於貴軍推進瀋陽事，總部對城防司令及其他守軍，已有詳細指示，余相信當不致有阻礙，且彭璧生少將已抵瀋，一切均可就地解決，但協定之貴軍進入瀋陽日期，務盼確實履行。

董：歡迎夫人計劃，吾人正在準備，俟擬妥後即通知。

特：我方正在等候貴方之計劃，盼速見告。

董：現長春市燃料問題甚感恐慌。原因係由於九台、西安兩地運長煤車，常遭土匪劫掠所致，盼多派蘇軍押運，以策安全。

特：完全派蘇軍護車，恐不可能，最好，由貴方派警察，而由我方派聯絡官。

董：如此亦好，我方擬派軍隊護車，遇匪即可與之戰鬥。

特：甚好。如煤荒不謀補救，則電廠亦有不能發電之虞，又派往貴方各機關房舍警戒之蘇方衛兵是否可以撤去。

董：除行營及熊主任官邸兩處，其餘均已撤去，此兩處擬仍請保留。

特：自可照辦。

董團長與特羅增科中將第五次會談內容摘要

民國三十五年一月十日

一、蘇方慰唁一月九日我方飛機失事事

二、一月九日國務院發生火警事

三、應授勳將領名單請蘇方早日提交以便轉報政府準備事

四、通告我方歡迎蔣夫人之程序

五、請蘇方告知蘇軍撤兵計劃事

六、蘇軍謝沈果在大青溝被俘事

七、我方通告郭常陞已逮捕法辦事

八、赴新民連絡組長王佩璽上校請蘇方駐軍予以協助便利事

董團長與特羅增科第五次會談記錄

時　間　民國三十五年一月十日十四時

地　點　長春蘇軍總司令部

參與者　邱楠　許培堯

特：昨日不幸之事，至為惋惜，據余所得報告失事原因係由於駕駛員不守飛行規則，距離過於接近，以致後機與前機相撞墜毀，現受傷者均已送往醫院否？

董：有七人在醫院因傷重畢命。

特：生存者尚有幾人？

董：尚有少尉排長一員、士兵十一名，承閣下與卡爾洛夫少將多方唁慰，甚為感謝。

特：余茲再重申惋惜之意。茲後貴方飛機如能依照每五分鐘乃至每兩分鐘降落一架之標準實行，當可防止此類不幸事件再度發生，余昨日接獲貴方飛機失事之報告後，經即下令我軍對救護事宜給予一切協助。

董：受傷人員已送往市立醫院救治，昨日一切多蒙貴方協助，聯絡官明果終日在場照料，甚為感謝。

特：今日降陸情形良好否？

董：今日甚為良好。

特：貴方需用汽油、機油等已照撥付。

董：甚感。昨日誠為不幸之日，晚八時許國務院亦發生火警。

特：起火原因為何？

董：係因守房人燃燒木柴取暖，不慎將地板燒著，當時駐防鄰近軍事部之貴軍某中校，曾率領士兵協同救護，余甚表感佩。

特：長春市消防隊向不甚健全，吾人曾數度因火警事請其派消防車救護，均以無汽油不克行駛為對，故截至目前為止，消防隊所用汽油尚全部由蘇軍借給，此點擬請貴方市政府對消防隊事多加指示改進。

董：關於前提我國政府擬對貴軍收復東北各級將領授予勳章，並請將應授勳人員之姓名、階級、簡歷等列單見告，不悉已作決定否？現又奉政府訓電，急待詢明辦理，擬請早日見示以便轉報，否則恐準備不及。

特：按照本國法律，吾人僅能接授本國政府頒給之勳章，故此事業已去電莫斯科請示，在未奉指令前，實無權提出此項名單，茲當再去電催詢。

董：據余所知，曩日貴國顧問團亦曾接受我國勳章。

特：當亦係經過本國政府核准者。

董：盼即時去電催詢，奉復電後並希立即以電話通知。

特：好。

董：茲特通告我方擬定之歡迎主席夫人之程序如下：

迎送代表　行營代表　民眾代表　蘇方代表

第一日　休息

第二日　上午參觀街市　下午東北行營請茶會授勳

第三日　上午參觀蘇方　下午婦女代表請茶會
蘇方請宴會

特：盼將貴方歡迎主席夫人之書面計劃送達我方，因須據此轉報莫斯科，俟得到指示後始能決定我方參加歡迎之計劃。

董：當儘速送上。

特：我方願知悉主席夫人除蒞臨長春外，是否尚赴瀋陽、哈爾濱等地。

董：此點余當向政府請示。

特：在長春須檢閱我方軍隊否？

董：在長春或將參觀貴軍兵營一處及病院一所。

特：貴方擬訂書面計劃時，盼將市民歡迎會一項一併列入。

董：余當轉知趙市長，貴軍撤兵計劃盼速見告，以便報告政府而為策定進兵計劃之根據，前承告貴軍於本月十五日自瀋陽開始撤退，貴軍自長春及哈爾濱開始撤退之日期，可先見告否？

特：瀋陽我軍因缺乏交通工具，須至本月十五日始能開始撤退，以鐵路每日可撥十個列車則須十五天始克撤完，目前最大困難為燃料問題，現我方已設法在瀋陽、長春、哈爾濱三處囤集用煤，尤以哈爾濱為換車樞紐，需煤特多。至辦理情形，正由長春鐵路我方理事調查中，尚未據復。因此無法預計自長春、哈爾濱兩地撤退之日期，現撫順煤礦產量僅及原產量百分之幾，而中國長春鐵路通常需用煤量即為每日五萬噸，運兵時則又須增加數量，現長春鐵路車廂尚屬敷用，但機車亦頗成問題。此點尚希望張主任嘉璈協助，令其他各鐵路暫停客運，俾節省機車及燃料專供長春鐵路運送蘇軍之用。至加卜寺、多倫、赤峰之線，我軍當可自本月二十三日開始撤退，七、八天內即可撤出中國國境，該線詳細撤退計劃將於一、二日內送達貴方。（按：中長路每日需用煤量為一萬五千噸　平註）

董：余當將此意報告政府，貴軍謝沈果上尉在大青溝被俘事件本國政府已電令傅長官調查辦理中，俟真象明瞭後即可作適當處置。

特：據余所知，謝沈果上尉確在傅長官處，盼查明後即交送我方。

董：前允雙城堡、阿城、賓縣三處派聯絡官事，不悉已去函哈爾濱貴軍城防司令否？

特：業已去函照派。

董：遼北省五縣聯絡官已照派否？

特：明日即可全數到達四平街與劉主席聯絡。

董：郭常陞冒用東北保安司令長官部名義在瀋陽一帶非法活動，現已由杜長官下令加以逮捕，正法辦中，特此奉告。

特：余曾接獲報告謂渠在哈爾濱、嫩江、長春等地活動，組織軍隊。

董：在此等地區活動者，或係貴方所稱之郭士誠，並非郭長陞。

我新民連絡組組長王佩璽上校請貴方多予協助與

便利。

特：是否長期在新民工作？

董：係派在貴軍擔任聯絡，請多關照。

特：前已下令囑儘量予以方便。

董：余今日所擬提出者至此為止。

特：馬元帥有事擬與閣下面談。

董：好。

董團長與特羅增科中將第六次會談內容摘要

民國三十五年一月十四日

一、對馬元帥一月十日關於赤峰事件抗議書致答文一件

二、通告新民、巨流河已接收完畢事

三、通告營口尚有少數蘇軍請提早撤退免滋誤會事

四、通告我方進駐瀋陽部隊以鐵路輸送請協助運輸之安全與便利事

五、通告主席夫人來長日期尚須延長事

六、吉林省府接收人員已到長，擬往接收各市縣請派聯絡官事

七、吉林省在長春縣大屯一帶編警察大隊三千人請查照事

八、中央通訊社長春分社架設電台與重慶通報請查照事

九、一月十日函詢之康宗剛，並無其人

十、派軍隊赴王爺廟、洮安協助防止肺疫事

十一、保安隊赴中國居民住宅搜查被繳械事

董團長與特羅增科中將第六次會談記錄

時　間　民國三十五年一月十四日十三時

地　點　長春蘇軍總司令部

參與者　邱楠　許培堯

董：一月十日接准馬元帥關於赤峰事件之抗議書，茲經奉政府訓電令本人代表政府向貴方道歉，並面致抗議書答文一件，聞馬元帥現不在長春，不悉可否由閣下代為轉達。

特：諾。

董：宣讀抗議答文「馬林諾夫斯基元帥閣下，頃奉本國政府訓電開：中國軍事當局頃經查悉我空軍在赤峰城以南曾有誤行掃射情事，誤行發生係因我空軍誤認赤峰以南並無盟軍之故，中國政府對於該項誤射深引為憾，特令本人代表中國政府向閣下道歉。對於貴軍因此次誤射所發生之損失，本國政府願負賠償之責任，並對貴軍因誤射傷亡之官兵家屬深致同情，現本國政府對於此次不幸事件正繼續調查中，俟調查終結後當即作適當之處置。特此照請閣下查照。」

附帶聲明，本答文以中文為主，蘇文作為參考。

特：當代轉報馬元帥及莫斯科。

董：今日擬向貴方通報事項如下：

一、接杜司令長官一月十日電稱，新民已於一月十一日由第二十五師之部隊接收完畢，巨流河亦於同時接收完畢，特此通告。

特：貴軍進入瀋陽之確期，不悉閣下接有電報否？

董：我軍決定於一月十五日正午十二時到達瀋陽。

特：甚好。盼貴軍順利到達。

董：二、接杜司令長官一月十日電稱，貴方曾告以營口已無蘇軍，故於一月五日派隊前往接收，現已進駐營口。惟查尚有少數蘇軍駐紮城內，指揮官為古利索中尉，謂尚待命撤離等語，請轉知查明究竟，並提早撤退，免滋雙方發生誤會。余接到是項電報後，方期約期通告，不料果已發生不幸事件。接杜司令長官一月十二日電報稱，本日非法武裝部隊四、約五百人，由東西旗標向我營口襲擊，正激戰中。由非法武裝部隊方向駛出卡車一部，追將匪擊退後，始發現係蘇軍乘車並傷亡車中蘇軍各一名等由，應請貴方迅予查明，令知營口蘇軍及早撤退，俾免再發生不幸事件。

特：前曾通告閣下：瀋陽以南各地尚有少數蘇軍留駐守護工廠，至各地留守部隊數目及部隊長姓名可開具一清單，送達彭副軍長。營口屬東戰區，不屬本戰區管轄，但可去電詢明。如營口蘇軍係留守工廠者，當係中國軍接防後再撤，否則可通知渠等即日撤退。又蘇軍有乘車至瀋陽以南地區採購物品者，亦請貴方注意。

董：據彭璧生少將電話，在營口發現之貴軍卡車並無任何標誌。

特：我軍卡車卡首，僅有一紅星標誌。

董：以後凡在有中國軍隊之地區，貴軍車輛均請加顯明標誌，俾便辨認。

特：可令照辦，余意營口蘇軍其所以未撤退淨盡者或係因不知貴軍進駐該地之故，以後貴軍進駐瀋陽以南之地，亦盼事先通知，免滋誤會。

董：關於此點，可由我方責令彭璧生少將，貴方責令高福同少將全權接洽。

特：鞍山、撫順、海城、本溪、遼陽、沙河現尚有少數蘇軍，當一併列入清單送達彭璧生少將。

董：貴軍守護撫順之部隊係一個旅團乎？

特：不甚確知。

董：為聯絡確實起見，上述清單，盼同時送軍事代表團一份。

特：照辦。

董：三、接杜司令長官電稱，我軍派往赤峰方面之聯絡組，擬在黑水鎮與貴方代表會合，囑詢貴方代表已自赤峰出發否？

特：我方代表決定在赤峰東南九公里處之四道井子迎候，為赴黑水必須派較多士兵始保無虞，則卡車用油甚感困難，現該處全部存油均留備撤退之用，且一經消耗即無法補充也。

董：四、奉本國政府訓電：主席夫人來長之日期尚須延長，不能依照原定一月十五日之日期到達長春，因蔣經國先生尚未返抵迪化，夫人須

俟蔣先生偕來長春也。（面交函一件）

特：迪化在何處？

董：在新疆，即是烏魯木齊。

特：蔣經國先生何日可返？

董：為期當不在遠。

特：主席夫人來長日期，務請早日通知，貴軍空運部隊照常來長否？

董：照常來長。

五、吉林省政府委員代行主席職務王寧華等一行已到達長春，開始辦公，擬即前往接收各市縣，請就長春縣、九台縣、吉林市、永吉縣、蛟河縣派遣連絡官，其次德惠、農安、懷德、盤石四縣，亦請加派聯絡官陪同前往，於此有須加設明，長春縣管轄範圍為長春市區外各鄉鎮，但辦公處所則設在長春市內，吉林市與永吉縣關係亦同。

特：吉林省區東至何處為止？

董：至朝鮮及貴國濱海省為止。

特：俟先研究各縣市所在方位後，再用書面或口頭答覆。

董：吉林省擬在長春縣區大屯一帶編組警察大隊約三千人，特此通告。

特：是否根據以前通知之省、縣保安警察隊。

董：然。此項警察大隊係直接隸屬省政府，因省會尚未接收，故先行在長春縣區著手編組，俟編成後，再開往省會。

特：當無異議。

董：六、前一月七日會談時，提出中央銀行擬架設專用電台與重慶通報事，閣下允請示馬元帥，不悉已有何決定否？

特：可無異議。

董：七、中央通訊社長春分社，擬在中央通四三號社址內，架設電台，與重慶總社通報，特請查照。

特：無異議。

董：八、接閣下一月十日函，為詢問康宗剛是否中國軍隊之指揮部代表，經查並無康宗剛其人，且在中國軍隊中亦無第一軍第六混成旅之番號。

特：第六混成旅係偽滿洲國之番號。

董：九、接閣下一月十一日函，為請我方派軍隊赴王爺廟、洮安一帶，協助防止肺疫，當為轉達遼北省劉主席，但現在此等地區尚未經接收，派遣軍隊執行防疫事務，恐有困難。余已電請政府配運疫苗來此，貴方所稱肺疫是否即是鼠疫？

特：即是鼠疫。流行區域有洮安、王爺廟、泰來、大賚、扶餘（即柏都納）等處，現防疫工作不易推動，因警察、人民均須動員，始能確實防止疫區居民外移也。

董：最好組織防疫隊去。

特：我方已派有醫生及防疫隊，但最感缺乏者為執行防疫行政之警察人員。

董：余今日所欲提出，祇此為止。

特：馬元帥去年十一月函請求自西伯利亞至旅順軍港敷設專用電線事，前閣下稱已由貴國政府交張主任委員研究，不悉已得有結果否？

董：據余所知已得有結果，一、二日內即可送達。

特：昨日我方通信司令烈沃諾夫上將，曾往謁張主任委員，請求早日解決。

董：現已圓滿解決。

特：營口我方受傷兵士請貴方就地治療，俟傷愈後連同亡兵屍體用卡車送交瀋陽我軍。

昨夜有由一少校率領之保安隊十七人以板車二輛赴一中國居民住宅搜查。我方城防司令部據報後，即派人前往制止。雙方曾各對天鳴槍，結果保安隊全部被繳械拘押。今日經詢明後即將渠等釋放，現長春軍事責任仍由蘇方擔負。嗣後貴方保安隊辦理此等事件時，盼通知城防司令部並會同警察辦理。現兩方軍隊相處一地，辦事似應特別注重程序，否則恐有武裝衝突之可能。

董：余尚未接到此項報告，俟返後即為查明，如有不法情事，當予懲處。

附：〈我空軍誤射赤峰蘇軍駐紮區〉，《外交部檔案》，國史館藏。

35 年 1 月16 日
府軍（仁）字第 274 號

外交部王部長勛鑒：
茲節抄發航委會王副主任叔銘子覃電一件，希參考。

中正　子銑酉府軍仁
中華民國卅五年元月十六日

抄王叔銘子覃電
黑水（建平西北廿五公里）昨已為我軍攻佔耳。前曾據俘匪供稱：有汽車四十輛，滿載共匪，由赤峰增援，更證明八日被掃之卡車，是為匪有。

附：〈我空軍誤射赤峰蘇軍駐紮區〉，《外交部檔案》，國史館藏。

35 年 1 月 22 日
軍令部元月廿二日一亨字第 1004 號代電

子寒府軍平字第 251 號代電奉悉。據航空委員會銑謀戰丙渝代電稱：「子文合一亨空代電奉悉，茲飭據北平王副主任叔銘子文 601 平電報稱：『先後屢接杜長官聿明三電，均要求派機偵察建平、赤峰一帶之匪情及鐵路、公路之運輸狀況，必要時予以協助，故日來偵察熱河東部及承德時，附行偵察赤峰一帶，藉以明瞭有否奸情由北側威脅。於七日偵察至黑水發現有空卡車百餘輛，故於八日仍繼續偵察，當出動前，曾令准掃射匪區內鐵路、公路上之奸匪，不准掃射任何城市。當日曾據出動之飛行員返報稱熱省東部天氣沙霾，能見度極壞，在黑水、赤峰間發現似小營房一處，經低空偵察，無國旗，無盟國國旗，亦無任何符號，當為土匪佔有，附近停有卡車四十餘輛，小砲十數門，見我機到達時有人急脫砲衣，有向我射擊之模樣，判斷該批卡車是匪徒由黑水移此者，又見地面行將射擊，當係土匪無疑，乃以少數子彈向卡車作短時掃擊以鎮壓之，並即冒惡劣天氣返航。查我空軍在熱河偵察匪情，向不帶彈，亦未施行轟炸，更無轟炸赤峰之舉。』」等情，謹電鑒核。

董團長與特羅增科中將第七次會談內容摘要

民國三十五年一月十六日

一、我進駐瀋陽部隊第一、二列車遭受射擊事

二、通告我軍準備隨蘇軍之撤退，即可接防，請將蘇軍撤退日期，早日見告

三、非法武裝襲擊營口事

四、通告接收赤峰部隊，已抵哈拉明安，請蘇軍至四道井子會商接防事

五、催詢蘇方應授勳人員名單事

六、瀋陽以南蘇軍守護公產之兵力部隊長姓名單，提請早日送達事。

七、通告吉林省各市縣接收人員姓名

八、通告吉林省編組警察大隊事

九、通告空軍第十四地區司令部編組地面警戒部隊事

十、保安第四總隊千餘名被繳械拘押事

十一、蘇方通告一月十四日有飛機兩架在赤峰上空擲下蔣委員長停戰命令附致蘇軍函一件

董團長與特羅增科中將第七次會談記錄

時　間　民國三十五年一月十六日十三時

地　點　長春蘇軍總司令部

參與者　邱楠　許培堯

董：今日向貴方通告事項為下：

一、我方約一個師之部隊，由新民分乘五列車出發，第一列車係一月十五日下午四時抵達瀋陽，惟在距離瀋陽車站約五里處，列車曾遭受射擊，我軍兵士死一名、傷五名。第二列車係同日下午六時到達，亦曾在同一地點遭受射擊。第三、四、五列車預計十六日上午三時以前均可到達。惟回空列車缺乏燃料，尚盼瀋陽貴軍當局就近協助。關於我軍進駐瀋陽部隊在途中遭受射擊事不悉閣下已接獲高福同司令之報告否？

特：據我方之確切報告，並無其事，我方曾接獲列車領隊者之報告，但調查結果，純屬無稽，盼貴方再為查明。

董：余係根據彭璧生少將之報告。

特：彭璧生少將亦係根據列車領隊者之報告，但經確實調查結果，並無其事。當地蘇軍對貴軍進駐瀋陽均獲事先通知，且沿鐵路線二公里外即加警戒，此項事件斷無發生之可能。

董：當再令彭璧生少將詳查具報。

二、 奉本國政府訓電：東北各地除熱河之赤峰仍由杜司令長官派遣連絡官與蘇軍商洽，即以現在向赤峰前進之我軍，開入接防外，其他地點，我軍準備隨蘇軍之撤退，即派部隊前往接收，即我軍接防計劃及日期，以蘇軍撤退計劃為標準。我方接防長春及哈爾濱之部隊，業已準備。所有我軍沿長春鐵路接防之部隊，均決定由鐵道運輸等因，特此通告。並希望將貴軍撤退日期早日見告，以便我方接收部隊有所準備。

三、 接杜司令長官一月十四日電謂：

1. 非法武裝部隊於十四日上午一時，以山砲四門、步兵七千餘人，大舉襲擊營口，現尚在激戰中，盼營口蘇軍及早撤退，俾免在此項大規模之戰鬥行動中，發生其他不幸事件。
2. 非法武裝部隊五千人，攻佔盤山，並破壞阜新附近沙拉車站，及溝幫子以東鐵路交通。
3. 非法武裝部隊近萬人，昨至鞍山，強迫鞍山配電所停止錦州以西電源，現錦州以西全成黑城等由，特此通告。第一、二兩項即非法武裝大舉襲擊營口、攻佔盤山及破壞交通情事，盼貴方採措當之措置，第三向即鞍山電廠停止錦州以西電源事，盼貴方飭令鞍山駐軍當局查明迅予恢復。

四、 接杜司令長官一月十四日電稱，我接收赤峰之部隊，已於一月十三日進至赤峰東南三十公里處之哈拉明安（即札藍明干），我第三連絡組長王庭宜上校，已於一月十四日抵達莫里河，希望蘇方務於事前約定之四道井子與我王上校會商接防等由，特此通告，希飭令赤峰貴軍知照辦理。

特：我方代表已於四道井子即赤峰東南九公里外等候，曾有貴軍第十三軍代表劉昆少校、鄧寶元上尉於一月十四日前往接洽，我方因渠等非軍事代表團指令之連絡官，已拒絕談判，盼王廷宜上校速往會合。關於一切接防問題余已下令當地駐軍與王上校接洽。

董：五、主席夫人聞將於四、五日內到達長春，前提授勳事不悉莫斯科有無覆電，又貴戰區除馬元帥外，尚有二位高級地區司令，請將姓名見示，俾便贈致獎旗。

六、前次會談所提瀋陽以南貴軍為守護公產留駐之兵力、地點、部隊長姓名清單請早日送達。

七、茲將吉林省各市縣接收人員姓名通告為下：

吉林市	張慶泗
長春縣	張俊圖
九台縣	喬樹芳
永吉縣	崔蘊蘭
農安縣	王希禹
德惠縣	紀幕天
懷德縣	張國銓
文河縣	俟接收時再通知
盤石縣	俟接收時再通知

九台、長春兩縣定明日（十七日）接收，請派連絡官陪同前往，並派官兵協同中國保安隊前往接收九台礦區，以濟煤荒。

八、吉林省政府成立保安警察隊約三千人，在長春縣區大屯及小雙城堡一帶編組，總隊長為劉革陳，特此通告。

九、空軍第十四地區司令部在長春編組地面警戒部隊一營約六百人，特此通告。

特：關於閣下提出之第一項問題，余業已答覆，唯貴軍到達赤峰後是否不再前進，即等候蘇軍撤退後再進？

董：余當電詢杜司令長官，赤峰貴軍係自本月二十三日開始撤退乎？

特：然。

一、赤峰、多倫、加卜寺之線，蘇軍決定自一月二十三日開始撤退，二月一日或二日，即可全部撤至外蒙，至詳細撤退計劃俟後通告，最好由貴方檢下中文本熱河地圖一張，即由我方照圖劃好撤退路線後奉還。

二、關於我方撤退計劃問題，經奉莫斯克科訓電，令盡力設法解決燃料需要，照預定日期撤退等因，我方決定於一月十五日自瀋陽開始撤退，至自長春、哈爾濱撤退日期因限於交通條件，無法確定，現在即使將日期通知，恐亦不能確實履行也。貴軍沿長春鐵路線擬用鐵道運輸一節，在目前燃料奇缺之情形下，事實上是否允許隨撤隨進，頗成疑問。盼先與鐵路當局商酌後再定，惟據余估計，恐無力兼顧。彰武至新民之線，我軍將集中瀋陽撤退，彰武以西至赤峰並無我軍，洮南、通遼、遼源現僅有地區司令統率之少數部隊，特此通告。

三、營口屬於東戰區，並非馬元帥管轄，據余所知營口駐軍已奉命於一月十三日撤出，料想此時已無蘇軍。

四、鞍山電廠停止錦州以西電源事，當代轉知查明恢復，營口至鞍山間，據余所知我軍部隊甚少，對共軍破壞行動不便過問，因吾人之立場為不干涉中國內政，此項立場至今猶堅守不變也。

五、赤峰連絡組事已談過，盼王廷宜上校迅赴四道井子可也。

六、關於授勳事莫斯科已覆電允准，名單亦經余擬定，約四、五十人，今日即可送交貴方，惟此項名單並不包括東戰區人員，馬元帥本人亦未列入，至閣下所詢二高級長官事，當在名單內註明職務，以資識辨。

七、瀋陽以南我軍守護工廠部隊地點、人數、部隊長姓名清單，今日即可送交貴方。

八、吉林省長春、九台兩縣即可派連絡官陪同貴方前往，但派兵協同中國保安隊前往接收九台礦區一節，恕不能照辦。

董：我方保安隊僅去四百人，如遭非法武裝部隊襲擊奈何？

特：蔣主席與共產黨已下令雙方停止衝突矣。

董：命令雖已頒發，但恐實施上未必盡如理想。

特：此為一原則問題，我軍之立場為不參加中國內戰。

董：可否勸告其撤退九台？

特：吾人與渠等毫無聯繫，但為不攻擊吾人之部隊，吾人即不過問。

董：九台在長春附近，如不派相當兵力保護煤礦，奈長春煤荒不能解決何？

特：此處似歸另一戰區管轄，如係重要礦山，當必有我軍守護，據余所知，煤荒係由於工人減少，產量不足，並非治安問題。余意有連絡官陪同保安隊前往，當可接收無阻。

董：九台屬另一戰區乎？

特：唯，否……查係本戰區。

吉林省保安警察總隊事，盼將確期地點通知。昨夜曾發生一不幸事件：緣是時有武裝部隊約一千人擬進入長春市區，經詢據答係長春市警察赴郊區執行任務完畢返城，嗣以電話詢問警察局則謂並無其事，渠等忽又稱係第四保安總隊。城防司令部以其行跡可疑，即派人前往繳械，並將渠等送往俘虜收容所拘押。

董：余尚未接到此項報告，並不知究係何處之部隊，如係保安第四總隊或吉林省政府編組之保安警察大隊，請將人馬槍械等釋回。

特：保安第四總隊參謀長現在城防司令部，如確係保安第四總隊，何必又先時自稱警察？如直稱保安第四總隊，當不致發生誤會。繳械時幸未發生衝突事件，但亦可能發生。故貴方部隊編組移動時，務盼事先通知，免再度發生誤會，空軍地區司令部之警衛營亦盼如此辦理。

董：如係保安總隊盼將人馬槍械等釋回。

特：俟調查後再決定，如確係保安總隊，盼閣下提示書面函件。

松江省曾捕獲一名張博生者，據其自稱，係隨同軍事代表團來長春工作。並搜出軍事委員會給予之半年工作計劃、日軍民在東北未繳械者人數，及其本人之半年經費支出報告等。前閣下及蔣經國先生屢次聲明貴方無派人秘密組軍情勢，根據此點與昨夜發生之事件，即可知貴方以軍事代表團為掩護，秘密組織地下部隊。盼貴方使所有之地下部隊明朗化，將地點、人數明白通知我方，中蘇兩國友好相諒，一切均可公開進行，自無秘密活動之必要也。

董：我方編組保安第四總隊事，已正式通告貴方，不能認為係秘密組織。將來隨九省政務之接收，所有保安警察總隊編組事宜亦均係公開進行，至張博生其人行營與軍事代表團毫無所知，亦未下令任何人作秘密組軍之活動。

特：保安總隊事誠已通告我方，但吾人不知此項部隊究在何處？且既係保安總隊，何以又自稱警察？

董：此恐係下級軍官不明情形，隨口亂說，要知保安第四總隊部設在滿拓舊址，保安第四總隊所有槍械亦係貴方發給，在總隊部中且住有卡爾洛夫少將所派之連絡官，則尚有何隱瞞之必要乎？關於此點，余當徹查，並作適當之處置。

特：如何處置，係貴國政府之事。但東北各地秘密地下軍實亦太多。

董：吾人亦接獲同樣之報告，因政權未樹立，故無法作任何處置。

特：昨夜繳械事，盼查明是否保安隊，以憑處置。

董：請閣下諒解。我方編保安總隊絕無隱瞞盟軍之事，或係下級軍官不明情形隨口亂答，不能代表其上級長官之意志。

特：一月十四日曾有道格拉斯四七號機一架降落赤峰機場，詢其來意據答係代混合委員會（或即指軍事調處執行部）所派人員，佈置機場聯絡，事甚突兀，經將該機扣留，嗣一月十五日正午十二時又有飛機兩架在赤峰上空盤旋一小時擲下蔣委員長停戰命令印件一捆計十萬份，附致城防司令函一件，囑準備混合委員會人員在此降落，蘇方接函後已下令準備，但該項飛機往赤峰均未獲事先通知，馬元帥認為非正常狀態，恐引起誤會及相互射擊事件。

董：當即報告政府。

董團長與特羅增科中將第八次會談內容摘要

民國三十五年一月二十一日

一、通告我軍於一月十九日到達新民

二、通告赤峰聯絡組長王上校於一月十六日由新地轉往四道井子

三、吉林省保安隊現改在姚家燒鍋編組並於一月十九日開始實施事

四、九台縣請派連絡官事

五、合江、黑龍江接收人員均已到長，擬即前往接收，請派連絡官事

六、遼北之連絡官任務尚未完畢請令稍緩返長事

七、赴撫接收工礦委員張莘夫八人被架走請查找送還事

八、營口連絡之陳子承、張宏訓消息不明請代查訊送還事

九、北寧路管轄之皇姑屯站及瀋陽總站早日移交事

十、我駐瀋軍隊何日可以接防事

十一、巨流河車站楊副站長被蘇聯軍擊斃事

十二、大連市長已到長，擬往接收，請派連絡官事

十三、蘇方告知授勳名單尚有東戰區五十七人未列入

董團長與特羅增科中將第八次會談記錄

時　間　民國三十五年一月二十一日十三時

地　點　長春蘇軍總司令部

參與者　楊作人　邱楠

董：今日通告或提詢事項如次：

一、接杜司令長官電稱彰武我軍已於一月十四日十四時入城，又我軍一部續到部隊於一月十九日到達新民，特此通告。

二、接杜司令長官一月十八日電稱赤峰聯絡組組長王廷宜上校已於十月十六日由新地轉往四道井子，特此通告。

三、前通告吉林省政府擬在大屯編組保安警察大隊在案，現為整編便利擬改在長春縣東南二十五里姚家燒鍋整編，並已於本月十九日午前九時開始實施，特此通告。

四、前提吉林省轄九台縣請派聯絡官事，不悉已派定否？

五、現合江省主席吳瀚濤、黑龍江主席韓駿傑已分別率領接收人員到達長春擬即前往接收，盼派定聯絡官陪同前往，黑龍江省轄綏化、海倫、克山、克東、通北、孫吳、黑河、慶城、望奎、德都等十縣，請並各加派聯絡官一名，請閣下照派，並通知駐軍協助。（面交函二件）

六、接遼北省劉主席電話稱：貴方派昌圖、梨樹兩縣聯絡官現任務尚未完畢，請閣下通知派赴該省之聯絡官，稍緩再返回長春。

七、我方派赴撫順接收礦區委員張莘夫等八人據報被當地武裝架走，請閣下下令查找並設法送還瀋陽。

八、接杜司令長官一月十八日電稱：我軍撤離營口時留置與貴方聯絡之陳子承少校及張宏訓兩人迄今消息不明，請代查訊送還我方。

九、接杜司令長官電稱，為便利我方軍隊運輸，請將北寧路管轄之皇姑屯站及瀋陽總站早日移交我方，以便運輸。

特：除中國長春鐵路外，其他鐵路自均可由貴方單獨接收，惟瀋陽總站係屬長春鐵路管轄盼先與張理事長接洽。

董：據余所知瀋陽總站與皇姑屯站，均不屬長春鐵路。

十、現我方駐瀋陽軍隊均在鐵道以西，不悉何日可以正式接防瀋陽，又撫順貴軍撤退時，請與我軍取密切聯繫，以免脫節。新民、彰武我軍部隊甚多，兩軍相處一地，日久難免發生細故，盼貴軍早日撤退，以免發生臨時不幸事件。

特：關於閣下所提第一、二、三項係通告性質，不必答覆。惟第二項余有可資通告閣下者，即貴方王廷宜上校已與我方代表會合，並就赤峰接防事有所商洽。

王上校希望蘇軍撤退時於三、四日前通知，茲我方已通知王上校蘇軍自本月二十三日起開始撤退。

四、九台縣聯絡官可照派，需要時請隨時以電話通知即可。

五、關於合江、黑龍江兩省接收問題，現佳木斯、北安兩處非法武裝部隊甚多，並均自稱政府部隊。吾人曾數次詢問貴方，對是項部隊則均予否認，故吾人已決定清剿，現正在辦理中，至貴方接收合江、黑龍江兩省，我方自無異議，但希望稍候數日再去。

董：大約須等待幾日？

特：大約須等待一星期至十天。

董：張嘉璈主任委員之意，擬令先往哈爾濱。

特：如此我方當各派一聯絡官陪往哈爾濱。

六、派遼北省之聯絡官當照劉主席之意稍留幾日。

七、關於貴方張莘夫等八人失踪事，余所得情報係張等於本月十一日到達撫順，當日又乘火車返瀋陽，三日前瀋陽市董市長曾向高福同司令報告渠等失踪，總部接獲高福同司令之報告後，即派出由一少將率領之大部隊以一切可能之方法搜索，結果如何現尚未據報。

八、營口我軍已於本月十三日退出，政府軍與共軍衝突時，營口已無我軍。

董：係撤離時留與貴軍聯絡者，可否去電一詢。

特：此項部隊屬於旅順軍區，當去電話詢問。

九、皇姑屯車站與瀋陽總站事關鍵不在軍部，原則上除長春鐵路外鐵路均可由貴方單獨接收，至於技術問題，盼與長春鐵路接洽。

十、彰武、新民之線我軍最近即可撤離，但在我軍留滯該地時期，盼軍事代表團通知當地貴軍友善相待。近日來曾發生若干小事件，此種事件並非有何重要性，僅係下級軍官之無知所造成：曾有一中國下級軍官率領七、八人至一蘇聯人住宅索取木柴，主人不允，即續到一連人將住宅包圍，經譬解後始散；又一隊蘇聯軍經過城區時，中國士兵在途中漫罵，斥為野獸，並謂你們無大砲我們有大砲，你們不聽話就打你們等語。又蘇聯士兵二人路過車站時，被中國軍隊強迫裝卸貨物等，諸如此類，自非重大誤會，但恐影響彼此友好精神，彰武、新民前曾一度為非政府軍包圍，蘇軍官即向渠等聲明如對政府軍攻擊，蘇軍即採共同防衛行動，由此亦可證明蘇軍與政府軍絕對合作，盼轉知貴方當地駐軍務必友好相處，以免發生其他誤會。

董：聞連日新民貴軍增至三百一十人，彰武則增至一百五十人，據稱係奉命協助剿匪。但余意我軍已接收區域地方治安自可純由我軍負責。關於該兩地貴我兩軍所發生之小事故，余亦接獲數項報告，如我第二十五師第七四團第二營第四連連長史玉寬曾在新民車站遭貴軍士兵毆辱等情，兩軍相處難免發生小事件，如貴軍早日撤出，即可避免，余當通知各地軍隊儘量與貴軍友好相處。

特：此種事件亦不足重視，因兩國習慣不同、言語不通，在所難免，只求無死傷即可。

董：提及此點，余曾接獲報告謂一月四日巨流河車站副站長楊榮本在站值班時，有一蘇軍少校抵站，迫令該副站長取木烤火，因言語不通，未能照辦，該少校盛怒之下，即將其一槍擊斃，以上事實貴軍新民城防司令利勝科中校已全般承認，並於當日將該少校押解瀋陽，依法訊辦，此事已告解決，且係地方事件，並不擬通告閣下，因今日既商談至此，即順便告知耳。

特：擊斃楊副站長之軍官業經軍法裁判，以後有此種事件，彼此言明亦好。

關於撫順接防事，我方曾與彭璧生少將談過，現該區非法武裝部隊甚多，我方盼望貴方派遣裝備良好之有力部隊進駐，在貴方未確實鞏固防務之前，我方決定暫不撤離，以資協助。余並已下令撫順駐軍，對該區警察，必要時亦可撤換或改編。又自撫順至瀋陽鐵路沿線常有土匪滋擾劫煤情事，甚盼移交貴方警衛。

關於瀋陽接防事，我軍已自本月十五日開始撤退，但交通非常困難，但何日可以撤完，不敢確定。

董：前閣下函告大連市接收可無阻礙，當經報告政府，現大連市長沈怡已到長春，擬在本月二十七、八日左右前往接收，請派聯絡官陪往；張嘉璈主任委員亦擬同赴大連視察，本團則擬派團員楊作人陪往。

特：當代通知東戰區，聯絡官可照派。

前提授勳人員名單尚未列東戰區米里茨科夫元帥以下五十七人，又本戰區喀茶科夫中將、馬克西莫夫中將亦請一併給予勳章。

董：盼即將名單交余轉報。

（面交東戰區授勳人員名單一份）

附：「熊式輝電蔣中正、杜聿明赤峰蘇軍與我聯絡組商談交接防務」〈武裝叛國（一二四）〉，《蔣中正總統文物》，國史館藏。

35 年 1 月 21 日　錦州發

渝委員長蔣，杜長官分呈之。子皓申中樵、子皓款中樵兩電計邀鑒及9771 密（表）。（一）赤峰蘇軍現仍與我連絡組商談交接防務，我軍自應於商定後開入接防，已囑杜長官作此準備。（二）熱境共軍自停戰後仍不斷調動部隊竄入我軍側背，企圖不明，似此違反命令之行動，除隨時報請制裁以外，已飭我駐軍予以裁制。以上兩項謹呈鑒核。

職熊式輝　子號已參錦印

附：「杜聿明電蔣中正赤峰蘇軍於二十三日撤退當即進駐接防」，〈革命文獻—政治協商與軍事調處（二）〉，《蔣中正總統文物》，國史館藏。

35 年 1 月 25 日　錦州發

渝委員長蔣子迥未中樵電計呈，子敬午府機電奉悉9771密（表）。赤峰蘇軍於梗開始撤退，當遵鈞座子漾已府軍仁電前進接防，但當時共匪假借保安隊名義佔領新地、三道井、四道井等地，執行小組一再掩護我軍接收，以免與匪衝突，經以子迴未中樵電呈鑒核，及請北平執行部轉知在案，故赤峰之接防須執行小組負責監視，即可實施。懇鈞座再電知該組，以免貽誤為禱。

職杜聿明叩　子迴有中樵印

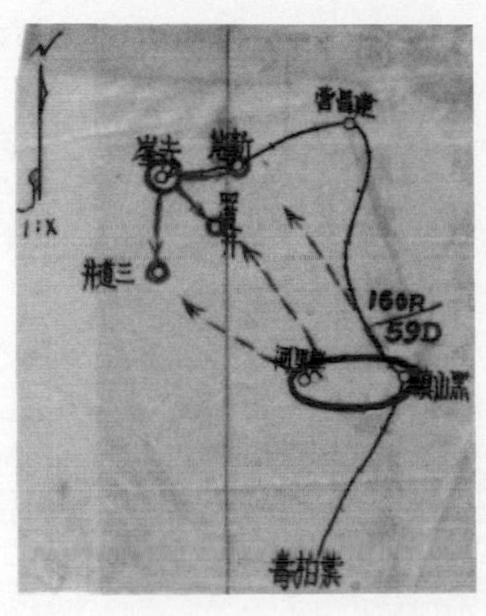

董團長與特羅增科中將第九次會談內容摘要

民國三十五年一月二十九日

一、通告新民、彰武中蘇兩軍時發小誤會，已電杜長官下令接防部隊注意

二、皇姑屯及瀋陽車站由東北保安司令長官部瀋榆段線區代表接收，請蘇方轉知交通司令查照

三、八路軍佔領赤峰事

四、關於行軍進駐瀋陽以南地區事

五、國軍運輸方法研討事

六、大連接收問題

七、美新聞記者要求來瀋事

八、聯合國救濟總署英籍職員擬由錦赴瀋請查照給予便利事

九、進駐瀋陽部隊列車遭受襲擊事

十、張莘夫被害事

十一、第四總隊被繳械事

董團長與特羅增科中將第九次會談記錄

時　間　民國三十五年一月二十九日十四時

地　點　長春蘇軍總司令部

參與者　邱楠　許培堯

特：蔣夫人已安抵重慶否？

董：謝謝。已安抵重慶，蔣主席有電至馬元帥對貴軍招待蔣夫人特表謝忱請轉答。（面交張主任委員致馬元帥函附委座電報一通）

特：當代達馬元帥。

董：本日通告事項如下：

一、前次會談時所提新民、彰武兩地，貴我雙方軍士發生小誤會事件，余當經電達杜司令長官，茲接復電稱已下令各地接防部隊，切實注意。

二、皇姑屯車站及瀋陽車站決先由東北保安司令長官部所屬瀋榆段線區司令部代表我方接收，請轉知貴方之交通司令。

三、據我赤峰聯絡組王廷宜上校轉報稱，赤峰蘇軍已於本月二十三日撤退，惟八路軍不遵停戰命令，擅自假借保安隊名義佔領赤峰及其外圍，貴我兩軍交接防務未能銜接，刻正與當地貴軍洽商我方部隊如何進駐赤峰問題。

特：盼詳告何時何地與何人洽商。

董：即貴方所派之連絡官。

特：我軍已於一月二十三日撤離赤峰。

董：余所根據者，係杜司令長官一月二十五日電報，此後情形尚無所知。

四、前閣下提請我方部隊進駐瀋陽以南地區亦請事先通知等由，當經報告本國政府，茲奉電訓電謂，查我軍接防事前均有通知，爾後當再確實連絡特通告閣下查照。

本日提照會事項如下：

一、現我方來長空運部隊已繼續二十餘日，運到三千餘人，均係保安部隊，正式國軍以飛機用油缺乏，尚未能啟運，不悉有無其他方法運輸？請共同研究。

二、大連市接收人員擬俟二月二日以後再去，因此時適值中國舊曆新年，官民均在休假期間，不便推動工作。又大連市現有武裝工人糾察隊八千餘人，是否可無顧慮，聞瀋陽至大連各小車站，沿途均有八路軍上車檢查，查中長路原有護路警察，且尚在蘇軍警備時期，此種現象實非正常，應設法糾正。

三、頃奉本國政府訓電稱，前者美國新聞記者團要求前往瀋陽，我方當答瀋陽我軍尚未接防，不能負保護責任，俟又據美記者聲請稱，美外交當局已與蘇外交當局洽妥可以前往等語，令向貴軍詢問究竟，以憑辦理等因，特請閣下查照見覆，以憑轉告。

四、聯合國救濟總署英籍職員孟結士及翻譯一人擬由錦州赴瀋陽，推動國際救濟工作，請查照並給予便利。

五、我方進駐瀋陽部隊，第一、二列車於行抵瀋陽近郊遭受射擊一事，現奉本國軍事當局，證實係蘇軍射擊，計亡兵二傷五，據就地交涉結果，貴方承認係出於誤會，我方對此項不幸事件之發生表示遺憾，應請保證此後不再發生同樣事件。（函面交）

六、張莘夫事（宣讀質詢函原文）函從略。

關於此事余尚有三點聲明：

1. 張莘夫赴撫順係因撫順煤礦產量不足，不能充分供應中長路之需要，故由中長路派馬利助理副理事長同往視察整理，其目的是在幫助解決貴我兩方所共同遭遇之困難。

2. 張莘夫係中國工礦專家，且為國民政府所派遣之工礦特派員，此次不幸遇害，不僅中國損失一工礦界人才，且刺激全國人民之感情與輿論界之誹議。

3. 張莘夫在李石寨車站被害，該處係貴軍防區且張氏在貴軍護送之下。

七、保安第四總隊被繳械事不悉如何處理？

特：一、蔣主席電報當為轉達馬元帥，余謹代表馬元帥敬表謝意。

二、皇姑屯、瀋陽車站接收事余當即下令交通司令照辦。

三、貴方赤峰連絡組已於一月十六日與我方代表會合，王上校提出中國軍隊推進至赤峰十二至十五公里之近郊，我方當允照辦。至關於中國軍隊進駐赤峰城內問題，王上校並未作任何聲明，我駐軍認為中國軍推進至赤峰近郊以後即可入城，當經下令掩護中國軍進駐城內，但截至二十三日晨二時，中國軍尚無入城消息。我駐軍因不明中國軍不入城之原因，且我軍曾奉令於一月二十三日撤離赤峰，故該處城防司令撒連科上校即根據我方已通知貴方之計劃，於一月二十三日率領所有部隊撤退，我軍撤退時，赤峰城內之行政機構並未變更，即仍為一九四五年八月我軍進入赤峰時所組成之政權。據撒連科上校報告離開赤峰時，城內尚留有軍事調處執行部美國上校、中國空軍軍官及共軍代表各一人，自一月二十三日晨二時以後，關於赤峰城內一切情形，即未獲接任何報告。茲更有補充說明者，一月二十或二十一日王上校曾與撒連科上校作第二次會見，撒連科上校聲明，蘇軍決定於一月二十三日撤離赤峰城，自此以後撒連科上校即未再與王上校會面，因此不可能更有任何談判。王上校與撒連科上校第一次會面時，曾請求我軍於撤退一、二日前，將離開赤峰時間通知貴方，於此撒連科上校已完全履行其諾言。

董：余所提出者係根據杜司令長官轉據王上校之報

告，既在貴軍撤離赤峰前，曾將貴軍撤離赤峰時間通知我方，則我軍未接獲其他命令之前，自無停止進入赤峰之理由，據余想像，中國軍隊不至不依照預定時間前往接防，其間在連絡上容或發生錯誤，而此種錯誤又未必屬於單方面，而應由雙方共同負責。

特：董將軍之聲明，余不能表示接受，中國軍未能進入赤峰城之責任，應由中國軍單方擔負。我軍退出赤峰時僅留警察二百名，王上校與撒連科上校第一次會談後即奉命為中國軍隊準備設營，自一月十六日起直至二十三日，吾人均在等候中國軍之入城，依余之推度，最重要之原因恐係中國軍接奉蔣主席停戰命令謂自一月十三日起即不准再前進也。

董：余尚有一點聲明：王上校與撒連科上校連絡亦甚確實，如無其他命令，中國軍隊決不至停留不進入赤峰城內。蔣委員長之停戰命令，或為原因之一，但貴我兩方代表商洽赤峰接防係在一月十三日之後，余不甚確知該方面之情形，當再去電查詢。

特：好。

四、閣下通告事項第四點謹為查照。

五、關於貴國軍隊運輸方法，余不能立即答覆，容詳加研究。

董：現中長路之車輛，均須留備貴軍撤退之用，燃料亦甚困難，此事余甚諒解，故我方擬用北寧路車輛運送軍隊至長春，燃料亦由我方負責，未悉閣下意見如何？

特：如採此種方式，而中長路當局同意照辦，我方在原則上無可反對。

董：如徵得中長路當局同意後即可開始運輸乎？

特：然。

董：余當即向中長路商洽，徵得同意後即通知閣下開始運輸。

特：好。

董：自瀋陽至長春沿線警備應由貴方負責。

特：關於此點，如全線警備我方恐無此兵力，惟較大車站及五十米以上之橋梁則均有相當兵力保護。其他地段應由中長路護路警察擔負。

六、關於大連方面情形，閣下所聲明者暨武裝工人糾察隊事，余並無所知，當向東戰區方面查詢真象，自瀋陽至大連旅運之安全，據余推度可無問題，但因瀋陽以南，我方部隊甚少，余不能保證決無非法武裝及反政府軍滋擾情事，截至今日止，中長路當局，尚未就此申述任何困難，瀋陽至大連各段鐵路管轄機構均係由中長路當局負責指揮，沿站檢查事宜亦係由中長路警察辦理，但吾人仍不能完全擔保無非法武裝上車檢查之事，如貴方認為由鐵路運送過於危險，則是否改用其他方法運送，仍請貴方自行決定，至於大連市內，想不致發生問題。

董：瀋大線沿途非法武裝上車檢查確屬實事，尤以各小車站為甚，如大連市接收人員亦沿途遭受檢查，實屬不便。

特：截至今日為止，余尚未接到此類情形之報告，如確有其事，則非特不便，且易引起其他誤會，此點請擬中長路護路警察設法取締，或由中國軍隊推進擔任警備。

董：現中長路尚在貴軍駐守期間，改由中國軍隊警備事實上恐暫不可能，可否由貴軍派相當兵力護送大連市接收人員前往，如遇非法檢查，即可由貴軍出面制止。

特：余前已聲明，瀋陽以南我方部隊甚少，鞍山僅有五十人，鞍山以南係由東戰區管轄。余前已允照派連絡官及一、二兵士護送前往，余認為此路由中國軍隊前往警備非特必需且甚便利，根據中蘇友好條約，中長路沿線護路責任係由貴方擔負，故由瀋陽至大連全線遲早均須由中國軍隊接防，此點請貴國政府加以考慮。

董：現尚在軍事佔領期間，瀋陽至大連一線，亦仍在貴軍警備之下，我方不宜即時接替警備。

特：根據中國長春鐵路協定，並非我軍撤退後再由貴軍接替，現中長鐵路理事會已成立三月，余認為及時組織護路軍，非特必要而且便利。

董：余對閣下之建議，甚表同情，但現瀋陽以南地區我方接防尚未竣事，請問如何開往鐵路沿線警備？

特：如派兵專護送大連接收人員大約需多少人？

董：余不甚確知，但能達到力能防止發生危險之程度即可，關於此點，貴方駐軍當較吾人為明瞭也。

特：余前已聲明瀋陽以南我軍部隊甚少，該處究有多少反政府軍，余亦不甚確知，此須視渠等之態度而定，如係真正攻擊，則派一連人與派一連絡官及護送兵，均同屬徒然。吾人為協助貴方建樹政權，自可派連絡官護送並下令城防司令協助辦理，但派遣相當兵力至瀋陽以南地區，則余無權作任何決定，須向莫斯科請示。

董：去年十一月十七日巴佛洛夫斯基中將通告謂，貴方為協助我方建立政權，暫緩撤退，並加強數處城防，自此以後，諸承馬元帥及閣下對我接收各地政權多方協助，但因張莘夫遇害，予接收人員精神上之刺激甚大，故希望貴方仍本以往協助吾人建立政權之初衷，設法防止。苟如再發生同類事件，不僅有背貴方協助之原意，且易引起其他誤會，以致貶損吾人可貴之友誼，余甚願以客觀之立場與閣下共同討論如何解決此一問題。

特：吾人之意見為希望中國軍隊從速警備瀋大線鐵路，我軍祇為協助貴方建立政權而非參加貴國之內戰，余與馬元帥均無權決定是否可用軍隊開至鞍山以南，此事須俟向莫斯科請示。

董：余所提出者並非貴方軍隊可否開過瀋陽、鞍山以南，而係大連接收人員能否安全到達之問題。

特：余對閣下之意甚為明瞭，如欲防止類似張莘夫事件之發生，必須每站均派一排人守護，始能確保安全，如此則牽涉到我方是否可派兵加強瀋陽、鞍山以南之防務問題。假如張莘夫事件係在一小車站發生，吾人如無強大足用之兵力，即不能作安全之保障，且吾人與反政府軍並無連繫，亦無法保證其不作襲擊之行為。

董：盼閣下深切考慮安全運送大連接收人員之方法，根據中蘇友好條約之精神，切實協助我方促使我方各地政權得以確實樹立。

特：最安全係用空運。

董：如用空運則大連設站之問題，如何辦理？

特：設站問題余不能答覆，但余可保證飛機安全降落。

董：余與政府之意均係用鐵路運送，今日所談已多，俟下次會談時再從長計議。

特：故吾人仍盼貴軍早日接防鐵路警備。

董：奈時機未到何？

特：現在先用空運，俟將來再接替鐵路警備。

董：此事討論甚久，現可暫告結束，盼閣下詳為考慮，下次會談時再繼續研究，我方之意為最近期內由鐵路安全送達目的地。

特：好。

七、美國記者團及聯合國救濟總署代表事，余尚未得政府任何指示，俟報告政府後再答覆。

八、瀋陽貴軍進駐列車遭受射擊，經查明確有其事，原因係步哨曾奉令使列車暫停，俾辨認明是否中國軍隊，但司機未予理會，致發生誤會。自此以後，即在哨所加派貴方連絡代表，即從未發生同樣事件。

董：此係司機怠於注意，盼閣下對傷亡者有所撫卹，並作書面答復。

特：好。

九、關於張莘夫事件，我方已採必要措置，逮捕罪犯，現已捕到二人，俟事件全部調查竣事後，再另作書面答覆。關於此事，余尚有一點聲明，張莘夫係貴國政府要員，其行踪則並未通知我軍總司令部。

董：張係與中長鐵路貴方助理副理事長馬利先生同往，且在貴軍護送之下。

特：馬利是中長鐵路職員，與我軍總部無關，張莘夫既係貴國政府要員，俟應與其他接收大員同樣通知我軍總部派連絡官護送。

董：張係由瀋陽高福同司令派人陪同前往撫順，回返瀋陽時且有貴軍士兵護送，只不在同一車廂耳。

特：余作此聲明並非欲減輕我軍責任，僅盼貴方派大員公出，均先通知軍部派遣連絡官護送，庶不至再發生同類不幸事件。

十、關於保安第四總隊被繳械事已報告莫斯科，現尚未得覆電。

董：余尚須聲明一點，此種誤會全係下級軍官不明手續所至，請閣下諒解。

特：此種情形亦已在報告中述明。

董團長與特羅增科中將第十次會談內容摘要

民國三十五年二月一日

一、關於蘇軍撤退問題

二、關於用北寧車路輛運送我軍至長春事

三、九台接收被拒絕並有五名警察失踪事

四、農安縣接收事

五、蘇方通告關於大連接收事

六、蘇方通告外蒙代表乘機赴重慶事

七、蘇方通告營口留置之陳子承、張宏訓蘇方對此事毫無所知

八、蘇方通告洮安、洮南、大賚、南關一帶組有安共隊及陳永風司令是否中國政府代表

九、關於我軍未進入赤峰城一節蘇方之聲明

董團長與特羅增科中將第十次會談記錄

時　間　民國三十五年二月一日十五時

地　點　蘇軍總司令部

參與者　邱楠　許培堯

董：一、去年十二月四日張主任委員嘉璈、蔣特派員經國攜帶本國政府之訓令飛返長春，十二月五日與本人同時會見馬元帥，雙方認為貴軍原定一九四六年一月三日撤出東北之協議，時間過於倉卒，不克如期履行，經雙方將會談結果報告政府，嗣於十二月九日接奉本國政府訓電，決定延至一九四六年二月一日撤完，此項決定並經本國政府與貴國大使完成正式換文手續，自此以後，本人復曾就貴軍撤退計劃問題與閣下數度討論，閣下聲明中國因長春鐵路所用燃料及機車不敷充分運用，在技術上甚感困難，現原定之二月一日之日期已屆，希將貴軍撤退情形見告，以便轉報政府。

二、關於我方用北寧路車輛經瀋陽運送軍隊至長春一事，經與中國長春鐵路當局商洽。

(1) 運輸工具用北寧路車輛，所需燃料除自備外，如感不足，並可由中長路方面供給。

(2) 運輸於二月四日開始，每日以一列車為限，十日運完，特通告閣下。

三、九台縣縣長喬樹芳及隨行員兵偕貴軍所派連絡官前往該縣接收，但經當地政權拒絕，向貴軍駐防司令官交涉時，則謂九台屬吉林地區司令官管轄，此間事前並無所悉，請喬縣長同赴吉林接洽等語，偽組織之縣長則謂在政治協商會議未得結果以前，不能移交等語。喬縣長為避免衝突，不得已仍率部返回長春，其間有警察五名（附槍七支）失踪，往返途中經過飲馬河車站時，均有自稱八路軍者，企圖扣車，經連絡官制止後，始克通行。查我方接收九台縣，早經通告貴方，而竟未得貴方駐軍協助，甚為遺憾。吾人認為九台縣雖小，而干繫甚重，第一、九台如不能順利接收，則長春煤荒即無法解決，第二、九台為通吉林孔道，如九台接收受阻，即無從達到吉林。據余所知，九台當地偽組織並非正式共產黨。政府不能以渠等為交涉之對手，華北確有共產軍，而東北則均係假藉共產軍名義，而劫持政權者，吾人深盼馬元帥根據歷次聲明將政權確實交還蔣主席所領導之國民政府。此項偽組織在九台強抽每噸一百五十元之煤稅，更屬非法措置。亟待正式接收後加以整頓，我方現決定於本月六日仍往接收，盼該時派連絡官陪同前往，並請迅予通知該地駐軍協助辦理。

四、農安縣長紀募天定於二月二日率領接收人員及警察隊等六百四十名分乘十六輛卡車前往該縣城接收，盼貴方下令農安駐軍，載明縣長姓名、隨行人員、警衛人數、自長春啟行期間，及協助紀縣長接收共同維持地方秩序等，並將此項命令即交由連絡官持同前往，負責向當地駐軍交涉，俾不再蹈九台覆轍。

特：一、關於我方撤兵情形，熱河境內現已全部撤至外蒙，瀋陽亦自一月十五日開始撤退，截至今日止僅撤出八十列車，以目前車輛、燃料等條件，不容將撤兵工作加強，即此八十列車亦曾遭遇甚大困難，若下列車因候煤及更換機車之故，有在途中停留二、三日之久者，至新民、彰武方面現已撤退完竣。

二、關於貴方用北寧路車輛運兵至長春事，原則上自無異議。唯如中長路供給一部份用煤，則更將影響我軍之撤退工作，據余所知，瀋陽站存煤僅足三日之用，其他站更少於此，且有若干站全無存煤者，此點請貴國政府加以注意。

三、關於九台縣問題現尚不能立作具體之答覆，俟詳加調查後再進行答覆。蓋此事詳細內情如何，尚待詢明吉林地區司令，如九台駐軍確未協助接收，自屬錯誤，吉林地區司令恐係屬東戰區管轄，但亦應接獲指示。關於閣下用偽組織之名詞，余不能表示同意，我軍進入東北之時，各地已無合法之政權，故我方不得不允許人民組織臨時政府，以維持地方秩序，至此項政權係由何人組織及如何組織，吾人並不感興趣，但渠等對我軍之要求均已做到，並無使我方感覺不滿之處，故對於偽組織之名詞不能認為同意，蓋偽組織即係指幕後方另有支持者之意也。

董：余所謂偽組織即係意指未經政府承認之不合法組織。

特：余對於不合法組織之名詞亦不能認為同意，蓋例如長春、瀋陽、哈爾濱等處之臨時組織均已服從貴國政府之命令，順利移交，根據吾人之理解，此項地方政權應認為滿洲國推翻後人民為維持地方秩序所組織之臨時政權。

董：既是臨時政權自應順利移交中央政府，現各地情形不同，有若干城市固經順利接收，亦有若干城市遭受阻礙，此項當地政權不僅拒絕接收，且以武裝衝突相要挾，並扣留警察槍枝，故稱之曰不合法組織．並不為過。

特：請詳告此五名警察在何地並如何被扣？

董：即在車站附近警戒時失踪，當時該地方政權之武裝，且曾放槍十數響。

特：或係自行攜槍潛逃亦未可知。

董：恐不至此。

特：四、農安接收事，當不成問題，據被繳械之保安第四總隊人員自稱係在農安縣所組成，則農安似已在貴方實際控制之下，是否有由我方派遣連絡官陪同前往之必要，請貴方斟酌。

董：此與接收無甚關係，現農安仍在臨時組織控制之下。

特：我方在農安並無軍事力量，如臨時組織拒絕接收，則即使派遣連絡官前往，恐亦無濟於事。

董：請在貴軍協助我方樹立政權之原則下，多予協助，固不必限於貴軍有駐軍之地區。

特：農安附近有火車站否？

董：有。但火車現已停止開行。

特：我軍已得上峰指示，凡無我軍城防司令及附近無我駐軍之城縣，不能協助接收。

董：頃閣下謂臨時政權均能聽從貴軍之要求，仍盼貴軍多方協助，俾吾人之政權得於和平無衝突之情形下，順利接收。

特：若當地政權不聽從連絡官之勸告則奈何？如遼北梨樹縣接收時連絡官之意見即毫未發生效力。

董：盼貴軍實踐協助國民政府建立東北各地政權之諾言，盡力設法，接收工作如均受到此種阻礙，則東北數百市縣，何時可以接收完了？

特：不僅農安一縣，離鐵路線較遠之地區，吾人均不便協助接收，農安縣當地武裝，曾慘殺我軍八人，吾人不能為協助中國政府建立政權而流血。

董：農安縣派遣連絡官，係前經閣下允諾者，如一旦停止派遣，對接收工作影響甚大。

特：凡有我軍城防司令或駐軍之地區，自能聽從我方之命令，如距離城防司令駐在地較遠或無駐軍之處，則當地政權，亦未必聽從吾人之意見。

董：農安縣毘連長春，仍請貴方協助接收。

特：貴方帶有六百名警察，想不成問題，我軍從未到過農安，如突派人前往勸告人民服從政府，即是干涉中國內政。

董：我方隊貴軍分佈情形，並無所知。不能確認某地有無貴軍城防司令或駐軍。

特：當俟數日後將分佈情形通告閣下。

董：關於貴軍撤退問題，可否將瀋陽撤完日期及長春、哈爾濱開始撤退之日期見告。

特：現尚無法奉告。

董：前閣下謂我軍運兵至長春由中長路方面供給一部份用煤，恐將影響貴軍撤退工作，余特再聲明，我方當在力求不影響貴軍撤退之原則下，自備燃料。九台縣事，盼一、二日內答覆，並囑連絡官屆時陪同前往。

特：此事因非本戰區管轄，請稍多候一、二日。

董：農安接收時，如臨時發生衝突，而貴軍偶有採買人員過境，遭受誤傷，則至屬不便，此點應請多加考慮。

特：余前已聲明，農安並無我方城防司令及駐軍，對於當地武裝與貴方發生衝突一事，實無法防止。

董：余今日所提出者至此為止。

特：余尚有數事通告閣下。

一、關於大連接收事，我方派連絡官及一、二士兵陪同貴方接收人員前往，並通知東戰區於是項人員到達後給予一切便利與協助。

二、余昨日函達閣下，以外蒙人民共和國政府代表擬赴重慶報告公民投票結果，決定於一九四六年二月六日乘帶有蘇聯標識之C四七號飛機由庫倫起飛赴重慶，中途擬在北平機場降落，盼貴方將該飛機經過地區之氣象見告，並准許渠等在貴方機場加油，是項汽油當在長春機場撥還。

董：不悉貴國大使是否曾與我國外交部接洽。

特：吾人係得本國外交人民委員會之指示，外蒙代表既已決定於二月六日起飛，料想貴我兩方外交當局當已洽妥，該機駕駛員姓名亦經在函內通告。

三、前閣下詢問營口貴軍留置陳子承少校與張宏訓與我軍保持連絡事，經向東戰區方面查詢，據答對此事毫無所知。

四、余頃有一函通告閣下，謂在洮安、洮南、大賚、南關一帶，組有安共隊五百人，隊長為毛貴生，南關組有三江九隊，係由毛魁生指揮，牡丹江方面，曾有一人向東京城（牡丹江西南六十公里）城防司令下通牒，要求蘇軍讓出東京城，並自稱哈爾濱至綏蘇河、圖門江至佳木斯等區農工問題之全權代表，其證件係由一總司令陳永風所頒發，請調查是項人員是否貴國政府之代表。

董：關於此事，俟電松江關主席、嫩江彭主席查詢得覆後再答。最近曾接獲閣下迭次函詢關於若干來歷不明之武裝部隊問題，查我方除省市政府為維持地方秩序決定編組保安警察大隊外，其他任何機關均無編組軍隊之權限。

特：陳永風此人並曾要求我軍即將東京城移交，否則即武裝行動。

董：現各省主席雖已到任，但並未能作面的接收，因連絡不便，難免有人假藉名義，余於此特重申前言，東北行營與軍事代表團，決無秘密編組軍隊之事，各省市政府亦然。假如齊齊哈爾距洮南，哈爾濱距東京城，均遙遙千里，此種假冒情事，請問如何可以防止？

特：關於貴軍未進入赤峰城一節，余前已聲明，我軍方面，毫無責任。蓋吾人已完全履行應盡之義務。余茲又得到一顯明之佐證。據一月二十七日北平報紙載合眾社電訊稱，此間軍事調查處執行部，對中央社錦州電稱，執行部曾下令杜聿明將軍之部下佔領赤峰城事，加以否認。執行部所下之命令係國共兩方軍隊均在二十四小時以內停止一切敵對行為，而並未准許任何一方於蘇軍撤退之後擔負保護赤峰城之責任。又一月二十五日重慶報紙消息，所有赤峰城之蘇軍係於一月二十三日撤出，關於赤峰問題，已談判多日，結果始有一月十六日簽字之協定。即政府方面已放棄將國軍開入赤峰、多倫之決定，在此項條件下，中共方面始同意簽訂協定云云。由此可知，貴軍未進入赤峰城一節，我軍毫無責任可言。

董團長與特羅增科中將第十一次會談內容摘要

民國三十五年二月九日

一、關於張莘夫遇害事蘇方之口頭答覆

二、大賚、洮安防疫工作事

三、蘇方提詢瀋陽我構築防禦工事事

四、九台接收事

五、農安接收事

六、催詢蘇方保安第四總隊兵士被繳械事

董團長與特羅增科中將第十一次會談記錄

時　間　民國三十五年二月九日十七時

地　點　長春蘇軍總司令部

參與者　邱楠　許培堯

特：馬林諾夫斯基元帥函覆蔣主席，申謝一月二十八日來電並無代表紅軍受勳將士致謝，請代轉呈。

董：當將原函轉呈重慶。

特：關於張莘夫遇害事，前准貴國代表團質詢函一件，茲奉命作口頭答覆如下：此事據調查結果，張莘夫及其隨員八人，係於一月十六日二十一時在由撫順返瀋陽途中李石寨車站被土匪一隊拖下，押至車站以南一公里半處槍決。我方已採必要措置，逮捕罪犯，本人奉命對此事表示遺憾，並致罪懇切之悼意，本人復奉令請貴方注意以下之事實，即東北境內非法武裝部隊甚多，均自稱與貴國政府有關，並有聲明為政府軍隊之一部者，此項部隊不僅彼此鬥爭，且襲擊蘇軍少數部隊，在此種條件之下，我方對東北境內旅行之安全，不能作完全之保證。

貴方善後救濟分署所派防疫人員，曾到達大賚、洮安，但並未參加防疫工作即回返長春，我方最缺少者為醫生，以前辦理者僅為一種調查工作，擬請貴方派遣醫生十五人、助手三十人赴洮南，與連斯基少校洽辦防疫工作，余認為此事，實甚重要，因疫區日漸擴張，北則向齊齊哈爾，南則向長春蔓延也。

此外尚有一事，雖無關大局，但亦甚值注意，貴國軍隊在瀋陽駐防區內及若干街道構築工事及機槍掩體，所設鐵絲網並通有電流，據高福同司令報告，瀋陽市民甚感驚訝，以為貴國軍隊即將遭受襲擊而發生軍事行動。余意貴國軍隊實無在瀋陽構築防禦工事之必要。

董：關於張莘夫事件，現閣下已提出口頭答復，余聽悉之後特向閣下提出三點。

(1) 前閣下稱已逮捕兇犯二名正審理中，茲貴方辦理此案結果及兇犯之支持背景，係當地政府臨時政權亦係其他方面之暴力，閣下未作說明。

(2) 依照本人歷次聲明之事實，我國政府從無在東北秘密編組軍隊情事，在貴軍佔領期間，除我方通告貴方查照者外，其他非法武裝部隊自均可由貴方全權處置，故在我軍未接防之地區，其他地方治安及雙方官員旅行之安全，應由貴方負責。

(3) 張莘夫被害係一重大事件，我國政府、人民及各方對此事件甚為重視，仍盼送致書面，以憑轉報。據善後救濟分署派赴疫區調查人員返長之報告，調查工作係分三組進行：第一組為洮安、洮南區，第二組為王爺廟地區，第三組為大賚區，第一組護衛兵五人，被當地臨時政權繳械並加監禁，領章背章等均被扯去，嗣由貴方連斯基少校保釋，其餘二組尚未遭遇同類事件，據渠等調查結果，洮南疫情最重，王爺廟次之，大賚尚好，第一次僅為調查工作，茲擬再度辦理防疫實際事務，希閣下令知當地駐軍密切聯繫，彼等自稱政權者之非法舉動實至乖謬。

特：據我方報告大賚已有十二人死於鼠疫。

董：大賚最輕，洮南最重，據檢查死鼠結果，百分之四十均有疫菌。我方已電請政府，以最迅速方法運送大批必需藥品，並擬成立防疫機構負責辦理。關於瀋陽構築防禦工事，係我軍駐防時一般之慣習，但可通知其務以不刺激市民為要。

九台接收事，經接貴軍副參謀長電話稱，可於本月十二日再往接收，余認為此事甚關重要：第一、九台如不能接收則長春煤荒不能解決。第二、九台接收受阻，則無由到達吉林。故務請貴方協助我方順利接收。

特：需要何項協助？

董：前余曾要求貴方派兵赴九台並解除當地非法武裝，貴方未加同意，後九台接收即發生阻礙，閣下詢問需要何項協助，余苦不能作任何具體之答覆。農安接收事，承貴方派遣連絡官，但渠未接到任何書面命令，余個人感覺接收工作實為目前一最沉重而不能展開之工作。

特：張莘夫事件，我方已逮捕罪犯二名，係撫順當地警察，經審詢結果與此案無關，現正繼續緝捕真凶，但我軍言記不通，且無偵緝機構，恐不易緝獲，書面函可照口頭答覆者於明日補送。

關於防疫事，當令知洮安駐軍，盡量協助，但貴方護衛軍被繳械禁事，余尚未接到此項報告。

董：請調查。

特：余當下令盡量協助，並盼貴我兩方醫務人員混合工作，如洮南區疫情確甚嚴重，並日漸蔓延也。

九台接收事，余已下令臨時政權移交，該地並無蘇軍城防司令，僅有一負責看守倉庫之軍官，據派人調查結果，接收可無阻礙。

農安接收事，該地有少數通訊兵，余已下令命其協助，並派連絡官陪往。

董：前次保安隊被貴軍繳械之一千人，不悉作何決定，且是否有請示貴國政府之必要，現天候甚寒，不宜久延，應謀早日解決。

特：此事已請示本國政府，仍須俟指示後處置，余在對政府之報告中，曾說明是項部隊為秘密武裝。

董團長與特中將第十二次會談內容摘要

民國三十五年二月二十一日

一、關於張莘夫等八人被害案請蘇方速將兇手捕獲及屍體移交事

二、關於瀋、長、齊、哈等地華人俘虜待遇改善及請予以參觀之機會

三、面交備忘錄一份

1. 營口連絡官陳子承及張宏訓失踪一節請設法查明並予營救

2. 瀋陽總站請轉令移交

3. 蘇駐華商務代表處蘇復強哥夫經核准搭乘華機赴渝

4. 松江省雙城縣非法武裝部隊妨礙政令工作請協助制止事

5. 通告蘇駐大連領事擬經核准乘我方便機赴平轉津

6. 外蒙古代表赴渝乘機用油可作為贈用，無須償還

四、特中將所提事項：

1. 關於僱用中國勞工問題

2. 洮南鼠疫猖獗情形

3. 瀋陽、哈爾濱等地蘇軍官兵被殺害事件。

董團長與特中將第十二次會談記錄

時　日　民國三十五年二月二十一日十四時
地　點　長春蘇軍總司令部
參與者　陳家珍　楊作人

董：本人茲提請貴方查照事項：

一、關於張莘夫等八人由撫順返瀋陽途中，在李石寨車站被害一事，接閣下二月十日來函，業將內容報告本國政府，現在本人所能奉告者即希望貴方速將兇手捕獲，本人並代表政府及死者家屬請貴方即將屍體移交我方，最好貴我兩方會同前往現地辦理，如貴方認為無須如此，則請貴方負責將屍體遞交瀋陽董市長，因天氣漸暖，恐屍體腐爛故也。

二、據聞現在瀋陽、長春、齊齊哈爾等地，有多數被拘留之中國人，其生活環境頗有改善之必要。因時屆春暖，最易發生傳染疾病，姑無論其被拘之原因如何，均應予以注意。現在我方因未能目睹實際情形，尤盼貴方查明，即請迅予改善，至因改善所需之經費，如超過貴方原定預算時，亦可由我方轉請政府，予以補助。東北與內地中外人士，往來頻繁，此種消息，一旦傳出，極易刺激民眾感情，特提請貴方注意，本人甚願此種傳說，並非事實，尤希望貴方予以參觀之機會。

三、 茲有備忘錄一份，面交閣下，分別查照（如附件）。

特：1. 貴團長所提之問題，第一項俟報告馬元帥得到指示再行答覆。

2. 貴團長所示各地有中國人之俘虜，確屬實在。此項俘虜，多係滿洲國之部隊，曾與日本並肩與中蘇兩國作戰者，現彼等與普通俘虜享同等之待遇，貴團長對彼等如此關心之原因頗為不解，擬參觀一節，俟請示後再答覆。

3. 我大連領事等一行赴天津事，因人數稍多，搭乘貴國飛機，頗不方便。故仍擬用蘇機往返，請再為請示。

董：關於張莘夫等人之屍體，因天氣漸暖，恐易腐爛，仍請迅速決定。至各地俘虜被拘之原因，多有不同，在國際間俘虜待遇亦多成例，軍事代表團參觀俘虜生活現狀，乃極普通之事，究竟是否可往參觀，希賜答覆。

特：自應速辦，參觀俘虜事，迨請示馬元帥後，再奉答。

特：茲尚有數事：

1. 本人二月十一日致閣下之函，關於僱用中國勞工問題，以前曾有僱用之事實，現在更有此需要，希望中國政府速為答覆，倘尚未得政府訓令，希再請示。

2. 洮南鼠疫仍甚猖獗，現於市區周圍四十五公里之二十三個村落中，繼續有蔓延，已死一二三人，市內死九十七人，情勢頗為嚴重，聞貴國軍隊，正由彰武北開，希望注意此點，並盼於未撲滅前，停止北開，以免傳染，此事將向閣下再補送一函。

3. 瀋陽、哈爾濱兩地貴國中央政權業已樹立，但近來屢屢發生蘇軍官兵被射殺事件。例如：

一月十六日哈爾濱市中心區，有紅軍中尉高爾登及其隨從之軍士，於乘馬行進中被擊斃。

一月二十七日瀋陽中國武裝軍隊，向紅軍小部隊襲擊，此小部隊係由軍官率領，結果士兵巴河瓦勒夫被擊斃。

一月二十八日瀋陽中國警察向蘇軍駐區開槍，結果中尉沃加列茲拿、士兵拿瓦克被擊斃。

二月六日哈爾濱市警察管區內，紅軍士兵四名被槍擊斃。

二月九日於哈爾濱市，紅軍士兵於架設通信網時被武裝中國人開槍射擊，中尉克留金、士兵克勒盧鳥夫被擊斃。

二月九日哈爾濱市中心區，紅軍士兵阿拉沙特果夫被擊斃。

二月十七日瀋陽紅軍下士旗加洛於返隊途中被擊斃。

以上各事件係發生於貴方已接收行政及警察之地域，希望閣下報告貴國政府，採取嚴厲之手段，阻止此類事件之發生，並盼將結果見告。

董：1. 僱用我國勞工事，已報告政府，尚未奉到指示。
2. 洮南鼠疫之猖獗情形，我方官兵，均極關心，我國東北救濟總署劉署長已專為此事赴北平運輸藥品，以期徹底撲滅，屆時仍希貴方予以協助。
3. 關於瀋陽、哈爾濱兩地所發生之事件，余雖尚未接得報告，但深表遺憾，將從事調查，並報告政府俟後以書面奉答。

備忘錄

中華民國三十五年二月二十一日

一、國軍第二十五師派營口連絡官陳子承及張宏訓二員失踪一節，應請貴參謀長設法查明下落，並予營救為盼，當時營口蘇軍司令官為利索夫中尉，目前該中尉駐金州，其通信隊號為二八七四六。

二、准杜聿明將軍來電略稱，彭副軍長璧生接收瀋陽總站之際，蘇方郭副冬少將聲稱未奉有命令等情，應請貴參謀長轉令移交，以利接收工作為盼。

三、奉熊主任電開，蘇駐華商務代表處秘書蘇復強哥夫擬搭乘我方飛機返渝一節，業經核准即請查照轉知該員，俟有便機，即行通知登程。

四、據松江省政府來電略稱，雙城縣雖經傅縣長接收，而前主席孫新任自稱人民自衛軍司令，擅自發號施令，使縣政府無法進行等由，應請貴參謀長設法予該縣長以有效之協助為盼。此外哈爾濱各報公開登載所有非法武裝隊伍之各項佔領消息，並公開稱之為人民自衛軍，以此混淆聽聞，亦請貴參謀長予以注意。

五、接貴參謀長二月十一日函，為貴國駐大連領事彼得洛夫及外委員會職員果克申知科娘捷夫擬乘蘇聯飛機赴天津一事，經核准由長春搭我方便機赴北平再轉天津，返時亦然，特請貴參謀長查照轉知，先來長春候機登程。

六、奉本國政府訓令，關於外蒙古人民共和國代表所乘飛機，給我方供給之油料，可作為贈用，貴方無須償還等因，特請貴參謀長查照。

董團長與特中將第十三次會談內容摘要

民國三十五年三月七日

一、向蘇方提照事項：

1. 奉政府訓電向馬元帥作關於接防瀋陽長春之聲明

2. 通告蘇方我國軍駐彰武部隊並未北開

3. 張莘夫遇害案

4. 善後救濟總署擬經由大連運送救濟物資事

5. 瀋陽、哈爾濱兩地蘇軍官兵被射殺事件

6. 長春新報刊載乖謬消息事（附函一件）

二、備忘錄：

1. 瀋陽蘇軍演習事

2. 長春蘇軍擬將演習事

3. 吉林省保安隊移駐卡倫及興隆山之通告

4. 關於保管康德新聞社事

5. 賴少將所乘汽車被紅軍士兵劫走事

董團長與特羅增科中將第十三次會談記錄

時　間　民國三十五年三月七日十四時

地　點　長春蘇軍總司令部

參與者　楊作人　邱楠

董：今日擬向貴方提照事項如下（抄提示事項原文一、二、三、四、五、六……）：

一、奉本國政府訓電謹向馬元帥作如下之聲明：

「我國軍已到達瀋陽，俟蘇軍由瀋陽撤退完峻，即可接防，至於接收長春防務一節，俟蘇軍由該城撤退後我軍即進駐。」

以上並附書面函一件希為轉達。

二、前接閣下二月二十一日函，以洮南一帶發生鼠疫，囑設法禁止軍隊向該地區前進一節，業已電告東北保安司令長官杜聿明將軍，茲接復電稱我彰武軍隊並未北開等語，特通告閣下，並附致一函。

三、關於經濟部接收委員張莘夫等八名被難事件，接准貴參謀長復函祇悉，惟查張委員等前往接收撫順煤礦，曾由經委會張主任委員嘉璈事先商得中蘇合辦中長鐵路公司理事會覆理事長喀爾金中將同意，由路方撥掛專車，並與助理副理事長馬利同行，而撫順礦區及瀋撫支線現由貴軍駐紮，我軍尚未接防，出事地點既經貴方參謀長確認係在瀋撫支線李石寨站，是在貴軍警備區域之內，在此情形下，無論在任何原因所發生之不幸事件，貴軍均難諉卸其責任。除本人本年一月二十九日、二月二十七日致閣下兩函仍希注意外，為此重申前請，仍希：

⑴ 將被難者屍體全部尋獲，無論其係何種型態，均請交付瀋陽市政府。

⑵ 責令駐瀋撫支線貴軍部隊指揮部對於肇禍情形，提出詳細報告，以便會同查勘。

⑶ 迅採緊急方策查緝凶犯，交付我方。

以上並附致函一件，希望從速辦理並答覆。

四、頃准本國善後救濟總署函開，迭據報告，我東北人民痛苦正深，亟待救濟，聯合國救濟總署運來物資甚多，擬大量運送東北，因利用秦皇島等港口及北寧路運輸量有限，緩不濟急，擬使用大連港以利運輸，又辦理救濟事項，有外籍專家同來東北協助辦理等由，請貴方惠予方便，並希且覆為盼。

五、本年二月二十一日與閣下會談時，承提詢瀋、哈兩市貴軍官兵被射殺事件，已飭各該市市長著手調查，茲據哈爾濱楊市長報告肇事當時及事後處理情形，特附致一函希閣下查照，至瀋陽方面俟董市長調查結果報來，再隨時通告閣下。

六、長春新報刊載黑龍江省政府已正式成立之消息，實係對貴方將東北政權交還國民政府之立場作相反之宣傳，並蓄意破壞本國官民對貴國政府及貴軍之友誼，因此本代表團認為此項報導，係有意淆亂聽聞，挑撥貴我兩國感情，不容不加制止，茲特檢同原報紙並致送一函，請閣下停止該長春新報繼續發行，以便於廓清及糾正此項反宣傳所發生之不良影響，並希見覆。

於此余願向閣下附帶說明者：去年十一月十七日，貴軍奉莫斯科電令為協助中央政府建立政權暫緩撤退並加強數處城防之後，貴軍當局對長春新聞紙曾作如下之指示，凡違背中蘇友好精神，反對同盟國，反對中國中央政府東北行營及涉及中央軍與八路軍之爭執等項之新聞與言論均禁止刊載，一時長春輿論為之澄清。截至今日止，東北各地情形，以長春最為安定，主要原因實由於貴軍前項措置之得當。現長春報紙，竟又發現此種淆亂聽聞，挑撥中蘇感情之報導，深恐對此間人民心理上引起可資顧慮之後果。因此余堅決請求閣下取締該長春新報，不使繼續發行。再有附帶提出者，本年一月二十一日余與閣下作第八次會談時，閣下就黑龍江、合江兩省之接收問題答稱，該兩省因地方不靖，蘇軍正辦清剿工作，希望稍俟數日再去，並聲明約須等待一星期至十天，現該兩省人員已等候多日，尚未能前往接收，未悉此項清剿工作已否辦竣，是否尚有如長春新報所載之非法武裝部隊存在？

此外，尚有備忘錄一件送致閣下。

照讀備忘錄原文：

一、據瀋陽彭璧生少將電報本年二月二十七日貴軍事先未經通知，突以戰車十六輛駛至鐵路以西我軍駐地附近，作野演習。頗有引起誤會可能，嗣後為尊重雙方友誼及預防發生意外事件，貴軍如在雙方共同駐紮之地區內演習，應請將演習地域及時間等事先通知我軍，並避免在我軍駐地附近演習。

二、頃接貴軍斯維特里赤少將三月一日函謂貴軍駐長春之衛戍部隊，最近即將舉行野外演習，為預防發生意外事件，囑將我方駐在長春週圍六十至七十公里以內之警察或保安隊之數量、駐地通知，茲我方已照貴方之意辦理，盼貴方亦將演習之日期及區域見告，以便轉知我保安隊及警察注意。

三、吉林省政府為靖衛地方治安並保護吉長線運煤車輛等之安全，擬派現駐姚家燒鍋之警察總隊第一大隊即日移駐卡倫，第二大隊即日移駐興隆山，茲特通知查照。

四、頃據中央宣傳部特派員辦公處報告，前奉命接收本市康德新聞社資產，現正積極籌備出刊報紙中，最近蘇軍城防司令部曾屢次派人來社調查機器設備，未悉意向何在等情，查我方接收康德新聞社曾經張主任委員嘉璈徵得貴方同意，應認為有權獲得貴方駐軍當局給予一切必要之便利，特致送備忘錄，提請閣下查照。

五、本行營少將賴秉權於二月二十一日午後三時，乘第六號汽車行至三馬路，為兩紅軍士兵持槍阻止，強迫下車，司機提示司機證，並未生效。賴少將為顧全大體，不願與之爭執，遂命司機李長旺開車送彼等至目的地，再駛回車庫，後經該司機回報該兩紅軍士兵強迫駛至偽皇宮後僻靜處，即將渠強推下車，駕車他往，不知去向云云。當經代表團團員楊作人口頭向蘇軍當局交涉，迄未將車覓還。查賴少將秉權身著軍服，司機李長旺隨身攜帶司機證及第六十五號蘇軍通行證（係長春城防司令少將卡爾洛夫所簽發蓋有印章），認為必須設法覓獲原車，嚴懲搶犯，並望此類事件，不再發生。

附註：汽車係福特三十九年式，引擎四〇一四九 八號

特：一、第一項係閣下奉貴國政府迅電對馬元帥所作之聲明，當為轉陳馬元帥，俟得有指示後，再轉達閣下。

二、第二項係閣下之覆函，謹為查照。

三、關於張莘夫事件，除上次覆函外，現張莘

夫之屍體，業已交付貴方，至其餘諸人之屍體，余前已通知閣下，實均被匪徒燒毀滅跡，無從尋收。於此，吾人僅再有一點聲明，即對此項事件，不能負責，因事先並未通知本軍部而由軍方派人陪同保護也。貴國政府認為當時撫順與瀋陽之間，亦駐有蘇軍部隊，係屬誤會，蓋肇事當時並無本軍部隊，而係事後始派部隊前往者。吾人曾對此不幸事件屢表惋惜，但不能認為係在正常現象中發生。至偵查兇犯事，因我方在此並無偵緝機構及警察，所具備之種種條件不足以擔負此項任務，如貴國政府方面願採何種有效措置，則請自行斟酌辦理。

四、大連非本軍管轄範圍，不能答覆。

五、關於本軍官兵被射擊之事件，不幸仍繼續發生，兩三日前，瀋陽方面曾有約二十五人至二十八人之蘇軍一小隊，擬由城郊進入市區，在行進間，突被中國軍開槍射擊，致引起衝突，結果我方死傷六名，中國軍方面亦有傷亡。余現已下令各部隊，凡有與中國軍共同駐紥之區域，遇有演習或行動時，均須事先經由城防司令部通知中國軍當局，盼貴方亦採同樣措置，即貴軍有何行動時亦請經由城防司令部通知我方，當可避免類似事件之發生。

六、關於長春新報事，俟調查明瞭後再答覆。但余可先作聲明者：即本軍進入東北後，僅在等候貴國政府之合法政權之建立，對臨時組織所准許發行之報紙，並未加以檢查，對於目前長春之報紙，亦復如此，關於長春新報之發行，余並無所知，余因不諳貴國文字之故，亦未曾閱讀，此項報紙不悉係獲得何人之允許出版者？

董：據長春市政府云不知此事，聞以前報紙出版均須獲得貴軍城防司令部政治部之允准，此項報紙最初發行係在我方接收長春市政府之前，今日所出版者係該報之復刊號。

特：俟詳細調查後再答。

關於黑龍江、合江兩省接收問題，據余所知，該兩省地方尚不安靖，如貴方能派遣大部隊以便鞏固政權，亦可前往。至行政接收，我方可無阻礙，但不能派遣部隊協助。我軍在二、三個月之清剿工作中，發現匪軍多係偽滿部隊，擁有若干重武器，且隱蔽良巧，不易搜索。渠等在民間騷擾滋甚，並多自稱奉中央政府之命令活動，或國民黨系統之部隊。

關於閣下所交付之備忘錄，茲分別答復如下：

1. 瀋陽我軍以戰車十六輛在鐵道以西演習之事，係事前疏於通知，盼勿視為示威之惡意企圖。余已下令駐軍，嗣後演習或通過中國軍駐地時，均須預先通知中國軍當局。

2. 3. 兩項表示接受。

4. 關於康德新聞社事，余無所知。俟向城防司令部查詢。
5. 關於貴行營汽車被劫走事，我方已採一切措置，仍未尋獲。但亦未絕望。此間駐軍全體軍士均被檢查，而結果亦屬徒勞。因此我懷疑是否確係紅軍兵士所為，蓋近日常有人冒充我軍士兵在外搶劫也。然此種事件竟在白晝發生，實為極不正常之現象，我方自仍繼續採取一切措置，偵緝劫犯。

最後，余須向貴團長申達，請求閣下轉飭本市警察局多盡責任，余即將有一照函送致閣下，就此點有所說明，余甚感謝其對於吾人之協助，將吾人之不良份子緝交我方辦理。如我方某中尉在豐樂路槍殺市民，即係由警察局之協助而捕獲者，但警察局有如此例之盡責事態實不多睹，甚至晚間站崗，亦甚少立於其應立之地位。關於豐樂路殺人案，閣下之照函已奉悉，現該中尉業經軍法審判予以槍決，對死難市民之家屬，我方亦當優加撫恤。

余之答覆已畢，閣下尚有何補充說明否？

董：關於張莘夫事件，余尚有幾點聲明：

（一）張係應中長路副理事長卡爾金中將請求赴撫順整頓煤礦並由助理副理事長馬利陪往瀋陽。張自瀋赴撫係貴方派專車送往，抵撫後隨行路警即被繳械。張等在任務不能遂行之狀況下由貴軍派兵護送返瀋，在路過李石寨時，被匪劫持下車，護送蘇軍應無視若無睹之理由。

（二）自張案發生後，曾就此與閣下屢作談判，並曾正式提出子艷、丑感兩次照函，閣下亦曾有兩次之覆文，但除丑感之復文外，無論在口頭或文字上，閣下均表示遺憾及惋惜，而從未表示不願負責，故余相信閣下於本案發生之始，即深表同情，並能與余以同等之熱誠，促令此案水落石出。

（三）李石寨係撫瀋間車站，姑無論肇事當時有無貴軍，但此處既尚未經我軍接防，則自然在貴軍負責警備區域之內，張應貴方之邀請前往，其生命安全自不能謂不負責任。

（四）前曾提請飭令貴駐軍對肇事情形，提出詳細報告，並偵緝凶犯，交付我方。適閣下答稱，貴方無偵緝機構，不克達成任務，盼我國政府自已酌辦，查現尚在軍事時期，貴我雙方均未建立司法機構，李石寨係屬撫順管轄範圍之內，在該管區所發生之事件，撫順當地政權，應亦負有偵查之責任，是項政府，即閣下前曾告余係臨時組織，而對蘇軍要求尚能完滿達成者也。總之，在貴軍軍事占領時期，有關偵查緝凶之事務，自應由貴駐軍負責，故仍請閣下責令提出詳細報告，並緝捕凶犯，以便將來雙方合同查勘。

（五）關於交付屍體一節，係於丑馬照函中提出，嗣後疊次以電話催問閣下，僅答稱須請示莫斯科。迄至丑感貴軍政治顧問巴烏雷乞夫始告以除張之遺體外，餘屍均已焚毀，查以前貴方則從未作類似之表示。故根據丑感照函聲明保留繼續請求之權，仍盼貴方將其餘屍體交付我方。

（六）我方對本案極為注意。請閣下對本人三次照函所提出者，多予考慮。並示書面答覆，以便轉報政府。

特：本人無可置答，請示馬元帥指示後再覆。

董：救濟總署擬經由大連運送物資事，請報告馬元帥轉達東戰區。

閣下謂瀋陽最近貴我兩軍發生小規模之武裝衝突，余甚表惋惜。並對閣下之措置表示滿意，我方當亦令知駐軍互重友誼，並確實採取聯繫。

關於黑龍江、合江兩省接收問題，閣下前稱貴軍正辦清剿工作，須稍候數日再去，迄今已一月有餘，尚未見可以前往接收之通知。以目前情勢，我方派遣大部隊前往，實不可能，至保安警察，如哈爾濱者仍僅限於徒手編成，自不能發生力量。故在該兩省，如不能獲得貴軍之協助，即無法建立政權，我方當寧將此兩省人員撤退，此點盼在二、三日內答覆，俾便對該兩省人員行動有所決定。

劫車事屬微末，本難有在此提出之機會，因是日乘車者係一將官，於彼此顏面有關，故不得不提，余意如該士兵等未飲酒至醉，亦必認清車主人之地位，而不為此無理之舉動也。

特：張莘夫案及救濟總署事當報告馬元帥請示。關於黑龍江、合江兩省接收事，我軍實無力協助，於此可順帶奉告者，即在東北之蘇軍，十分之九業已撤退矣。至貴方是否將接收人員撤退，則請自行斟酌決定。余意最好運送軍隊去，自可順利接收。

董：以何種方法運送？

特：鐵道。

董：（笑謂）現尚甚困難。

董團長與特羅增科中將第十四次會談內容摘要

民國三十五年三月十一日

一、提詢瀋、長、哈蘇軍調動頻繁事

二、蘇軍進駐長春我軍營舍事

三、黑、合兩省行政人員擬返長春請派連絡官事

四、四平發生鼠疫事

五、申謝明果上尉服務忠勤事

六、興安省接收員何洪濤與蘇軍發生衝突事

董團長與特羅增科中將第十四次會談記錄

時　間　民國三十五年三月十一日十四時

地　點　長春蘇軍總司令部

參與者　楊作人　邱楠

董：今日擬有數事向閣下商詢：

一、近一週來，瀋陽、長春、哈爾濱貴軍調動頻繁，因本代表團未接貴方通知，特向閣下面詢究竟。

二、前我軍在長春預定營舍，曾經貴方卡爾洛夫少將同意劃歸我方，並已有一部分經我方保安隊駐用，現據報有一部份貴軍亦進駐此項營舍，恐雙方軍隊同住一處，在警戒上諸多不便，如貴軍事實上之需要，可令我方部隊暫時遷讓。

三、黑龍江、合江兩省人員，因暫尚不能接收，擬撤回長春待命，仍請各派聯絡官一名，陪同返長。

四、現四平街已發現鼠疫，死八人，經將死者屍體、房舍焚毀，並封鎖交通及採取其他必要之措置，內有兩人係白城子前往者。

五、明果上尉服務忠誠，對貴我兩方事務上之聯繫及友誼之增進，無不盡心竭力，而為吾人留一愉快之紀念，茲以他調，繫念良深，特向閣下表示謝悃，並對明果上尉所完成之工

作，表示懇摯之敬意。（附致函一件）

六、本月十日晚有興安省接收員何洪濤，在酒館酗酒，與貴軍中尉一名引起衝突，致將貴軍中尉槍傷，本人對此不幸事件，甚表惋惜，並決依本國法律將該接收員從嚴懲處。（附致函一份）

特：一、我軍已開始自瀋陽撤退，因交通條件限制，不能直接撤至國境，尚須在長春及哈爾濱暫住。貴國政府聲明瀋陽可以接防，故決撤出瀋陽，交貴國軍隊接防。

二、我軍進駐拉拉屯軍官學校者係空閒營舍，余已嚴令渠等遵守紀律，與貴方部隊同處，可無阻礙，盼貴方亦下同樣命令，至其他貴軍已駐用之營舍，我軍決不再進駐。

三、黑龍江、合江兩省人員返長派聯絡官事請楊團員作人逕與本軍副參謀長接洽即可。

四、四平街發生鼠疫事，甚值注意，盼貴方地方政府採一切緊急措置，即使斷絕鐵路交通，亦無不可。據瀋陽城防司令報告，在人烟稠密之某區域，有七具死屍據醫師檢驗似為鼠疫患者，現已焚毀，但瀋陽、四平均非我方實力到達之處，仍盼貴方多所注意，閣下稱四平街患者有兩名係白城子前往者，可見白城子方面封鎖不嚴，盼通知四平街行政當局對白城子方向之交通，嚴密注意，現我方將士均已注射防疫針可保無虞。

五、閣下對明果上尉之嘉獎，謹為查照。

六、據報告中國官員係酒醉誤事，自不值重視，但雙方人員在此時此地肇禍，均屬不法，同樣須受相當處分，盼貴方亦從嚴處罰，嗣後雙方並須密切注意勿再使類似事件發生。

董：不悉瀋陽何日可以正式接收？

特：瀋陽市政府及警察均早已由貴方接收，現市區內亦有一部係貴國部隊，似無須辦正式接防手續，我軍決定於三月十五日全部撤出瀋陽。

我方自旅順、大連至國境線電訊線路及電訊站人員，請多加保護，即將有一函說明電訊站所在地點，請查照。

董：高福同司令在瀋駐在六月，市民甚為愛護，董市長因同屬工程師之故，感情亦至友好，擬在臨別前，舉行歡送大會。拉拉屯軍官學校之貴我兩方官兵相處，現甚友好，惟我方部隊甚少，擬仍令暫行撤出，但將來貴軍退出後，仍盼將該營舍交還。

特：人多人少均無關係，余願絕對負責，如閣下認為有此必要，儘可令渠等仍在原營舍內駐紮。

董：余亦恐對貴軍警戒及飲食起居習慣上有所不便。

特：我方並無任何不便。

董團長與特羅增科中將第十五次會談內容摘要

民國三十五年三月十八日

一、提詢長春以南、瀋陽以北之鐵路沿線地區有無蘇軍事

二、我方擬即照預定計畫由瀋陽運送軍隊至長春，請予便利與協助

三、四平市被匪軍圍攻事

四、哈市、松江、嫩江各省市政府工作人員之安全，請予以充分之保障事

五、嫩江省府擬向蘇軍當地駐軍洽撥彈械事

六、關於市政改善事

七、保護蘇方電訊站人員事

八、救濟總署擬用大連港事

九、蘇軍進駐拉拉屯軍校事

十、長春機場地勤人員撤出事

十一、面交備忘錄一份

1. 蘇軍在楊家屯殺人事

2. 請將張博生移交我方處辦事

董團長與特羅增科中將第十五次會談記錄

時　間　民國三十五年三月十八日十四時
地　點　長春蘇軍總司令部
參與者　朱新民　邱楠

董：今日擬向閣下提詢及通告事項如下：

一、上次會談時，閣下正式通告貴軍開始自瀋陽撤退，因受交通條件限制，暫先撤至長春、哈爾濱等地，未悉目前長春以南、瀋陽以北之鐵路沿線地區尚有貴軍部隊否？

二、關於我方擬用北寧路車輛，經瀋陽運送軍隊至長春事，前經本年二月一日與閣下作第十次會談時，在原則與技術上均已獲得協議，嗣因我軍尚未在瀋陽接防，恐影響貴軍撤退工作，故暫緩付諸實施，現瀋陽我軍已正式接防，擬即照預定計畫由瀋陽運送軍隊一個師至長春，特通告閣下並請予便利與協助。

三、據報，四平街自貴軍撤退後，匪軍即於本月十七日午前二時大舉圍攻，自午前七時以後，電報、電話均已不通，現仍在情況不明之狀態中。查四平街為鼠疫猖獗區域，我市政當局已全部佈置電網，封鎖交通，且我方本已派遣防疫人員及藥品前往辦理緊急防疫工作，現亦因此不克執行其任務，且四平街在中長鐵路係瀋陽與長春間之中點，且為四梅（至梅河口）、四洮鐵路之樞紐，如該地陷入混亂，影響東北全境治安甚大，而鼠疫更有立即蔓延全東北之可能，特通告閣下查照。

四、哈爾濱市政府、松江省政府及嫩江省政府工作人員，其安全自由，請貴軍在撤退前，根據中蘇友好條約予以充分之保障，現四平被圍攻，農安縣則已被攻佔，其他各省市人員因此情緒上甚感不安，我方在東北樹立之政權，僅此少數地區，而在貴軍友好協助之下，竟發生此種不幸事件，頗感遺憾。

五、現嫩江省政府因缺乏械彈，自長春運往亦甚感不便，擬向貴軍當地駐軍洽撥，現已有初步協商，盼閣下惠予促成。如閣下認為不便讓予，可改用撥借方式，將來如數在長春奉還。

六、前准閣下三月六日函為建議改善長春市政等由，按此係本國內政範圍，本不便置覆，惟基於貴我兩國之友好關係及貴方善意之批評與建議，本人已分令各該市政府注意改善，我方內政上應辦未辦之事尚多，固不僅市政一端也。

特：未悉余所聆悉者，有無錯誤，董將軍之意係謂余干涉貴國內政乎？

董：並無此意，余無權就此有所答覆，因市政固在行政系統之內也。

特：余因卡爾洛夫少將曾屢次向市政府建議不獲要領，而閣下為此間代表貴國政府之最高權威，故不得已始向閣下提出。

董：閣下所提警察及消防隊各點，確屬實情，已通知市政府注意並切實改善。

七、本年三月十一日與閣下作第十四次會談時，閣下稱貴方自旅順、大連至國境電訊線路及電訊站人員，囑我方多加保護並即有一函說明電訊站所在地點等由，惟迄今尚未准送達，未悉已否發出？

八、本年三月七日與閣下作第十三次會談時，曾提出本國善後救濟總署，擬經由大連港運送救濟物資事，閣下允請示馬元帥轉達東戰區，未悉已獲有決定否？

九、關於貴軍進駐拉拉屯軍官學校後我方保安隊遷否問題，前與閣下第十四次會談時有所商洽，本人因恐兩軍同處一地，對貴軍警備食宿等多所不便，故決定令我軍暫行退出，嗣閣下再三謂可無阻礙，絕對負責保證雙方友好相處，本人即依照尊意暫不遷出，現本人復接貴方卡爾洛夫少將電話仍盼我軍遷出，因此本人對決定該保安隊駐地上一事，頗感困難，特向閣下查詢，俾便作一肯定之措置。

十、前准閣下三月十五日函請求我方將長春機場駐紮之飛行隊、地勤隊撤離等由，已電呈政

府，俟得覆示，即行通知。（附函一件）

茲有備忘錄一份送達閣下查照。（附後）

特：一、長春、瀋陽之間，除有離鐵路線購辦物品之十五人及三十人之二小隊，因奉命不及尚未退出外，已無成隊之蘇軍，此外瀋陽、大連之間僅有中長路蘇籍職員，亦無蘇軍。

董：此二小隊現在何處？

特：吾人亦不知彼等確在何處？尚盼貴方協同查找。

董：閣下謂瀋陽、大連之間已無貴軍部隊，然否？

特：然。除旅順沿海及中長路蘇籍職員外已無蘇軍。

董：據余所得之情報，遼陽尚有兩個連及營口尚有七、八十人，是否此項情報已成過去。

特：已成過去，營口當不致有我軍部隊。

董：閣下之意是否謂瀋陽以西以南均無貴軍部隊。

特：據余記憶所及，海城似有少數部隊，瀋陽亦尚留有屬另一系統之少數通訊部隊，此向部隊曾經通知張理事長，照中長路人員身份留駐瀋陽工作者。

董：閣下既通告長春以南已無貴軍部隊，我軍即擬自瀋陽向長春前進，特正式通告貴方。

特：二、貴軍用鐵道自瀋陽運輸軍隊至長春事，前次協議之原則仍屬有效，但技術上仍盼與中長路理事會商洽。

董：是否可由貴軍部通知中長路。

特：本軍部早已通知，余仍保持前次之觀點。

董：是否與中長路商妥後即可開始運輸。

特：然。

董：我軍可開抵長春何處為止？

特：聽貴軍自便，如有空閒營舍，即便在市區內亦可。

三、關於四平街之情況，我方尚不若貴方所明瞭者為多，余所得到者僅為中長路方面之報告，謂六〇四號橋梁被毀，鐵軌亦有損失而已。至為顧慮鼠疫蔓延，長春可增派崗哨封鎖，其於地段則盼貴方自辦，因我方在長春以南已無軍隊，無法協助也。

四、閣下所提哈爾濱市及松江、嫩江兩省之行政人員，並無理由可認為其安全及自由已受威脅，此等地區均有我軍駐紮，且松江省及哈爾濱市之警察亦甚為有力。

董：據余所得情報，哈爾濱市外圍，現有多處非法武裝進逼，隨時在威脅市區。

特：除市郊外，市內僅有我軍部隊及貴國政府之武力。

董：但據余所知，李兆麟被刺後，哈爾濱報紙公開發表稱李係共產軍首領，北滿十五萬軍隊均將為其首領復仇，並將於本月二十四日進入市區，實行武裝祭靈。

特：余不知李兆麟是否為共產軍首領，但李被刺自屬不幸之事，至非政府承認之武裝部隊，不能藉祭靈及其他任何理由，進入哈爾濱市區。

董：中蘇為兄弟之邦，應永久和好，如現有少數行政人員均未能獲得安全保障，實屬不幸，盼雙方均自深遠處著想，互重互諒。

特：余就此不能再作表示，農安撤退事，余不知其詳，前我軍通訊兵四人及司機一人，被非法武裝殺害，曾要求農安縣當局清剿，余知農安縣之實力足能勝任，但竟未照辦，頗令人不解。

董：余未接到此項報告，據余所知，農安縣失守時，紀縣長並未在任所，渠係貴軍軍官邀搭軍用車來長春，即未得搭車返任。

特：紀縣長離職期間，何人負責？

董：職務較低者恐不能負責，可否由貴軍派一小隊陪同我方保安警察前往清剿此項非法武裝。

特：我方因無偵緝機構，恕不能照辦，此項非法武裝，均係便衣，不易辨認，如大事搜索以致騷擾居民，亦無此必要。

董：據余所得報告，長春亦將於本月二十四日舉行李兆麟之祭靈式，余不反對向死者致哀，但恐引起其他不幸事件，以影響治安，希閣下多加注意。

特：長春不宜舉行此種祭禮。

五、嫩江省請撥借彈藥事，恕不能照辦，我軍彈藥與日本製槍械亦不符實用，齊齊哈爾有我軍駐紮，治安可保無問題。

七、關於通訊站事，我方已取消原有決定，不擬留駐此項少數部隊，故前提照一函即停發未送。

董：貴方不擬留人於各通訊站乎？

特：我方不擬用武裝部隊保護，因通訊人員均係中長路職員，應受中國軍隊之保護，盼貴方恢復並保持其正常狀態。

八、開放大連港事，東戰區亦無權決定，已請示政府，尚未得覆。

九、關於拉拉屯軍官學校事，卡爾洛夫少將曾以電話請示，但余仍保持以前之觀點，即貴方留駐或撤出均無不可。

董：俟歸後再研究決定，現貴軍部隊烤車所需木料，盼向市政府索取，勿拆毀建築物，蓋將來仍須作為教育機關之用也。

特：當為查詢。

十、長春飛機場事，因我方需用此項房舍，請仍撤出為盼。

董：因此間尚有大批接收人員，際此鐵路交通不便，多賴飛機聯絡，地勤隊仍有長駐必要，如貴方確需要此項房舍，余當向政府請示。

特：此並非一原則問題，似無請示政府之必要。

董：余事實上亦甚感困難。

特：當時貴方空運部隊未到時，我方騰讓此項房舍，亦未請示政府，現因我方空軍增加，房舍不敷住用，故請貴方地勤隊遷讓，將來隨時至機場服務，並有我方地勤人員協助，亦並無不便，此純係技術上之微末之事，似不必請示政府。

董：空軍非余管轄範圍，須向航空委員會解決。

特：余之觀點為貴方託辭拖延時間。

董：並無此意。

特：（笑謂）余未料閣下如此抵抗。

董：余自知並非如此，實有其他主管機關。

特：閣下在此為最高負責方，似可就近指揮。

董：余僅負聯絡之職務而已。

特：但余則不作如是觀，豈有中將階級之聯絡官乎？此事仍盼閣下速謀解決。

董：當儘速解決。

特：余尚有一事向閣下提出，我軍自瀋陽撤出後，旅順至瀋陽間因若干迴車場及橋梁已被破壞，或已佈置炸藥之故，鐵路交通即告中斷，且撫順產煤經過瀋陽時，現均被截留，以致影響瀋陽以北之鐵路交通，因此特提出嚴重抗議。照中蘇友好同盟條約，中長路護路之責任係在貴方，在我軍已撤出之地段，盼貴國政府採一切措置，使中長鐵路恢復正常現象，自運煤停頓後，長春站存煤四百噸僅足十二小時之用，盼貴國軍事當局力謀解決。

本月十三日有我國軍民各一人被著警察制服者殺害，中長路蘇籍職員亦常受侮辱，曾有一我國婦女被毆，毆者並謂：「我所以要打你，就因為你是俄國人」等語。此種現象盼貴方加以制止，使我國人民得受正常待遇。

董：余茲分兩點答覆：

一、中長路所已發生故障，係由於非法武裝部隊之破壞，須有一種力量始克制止。至自撫順運煤問題，如瀋陽、長春之間可通車，當通知主管當局照常放行。

二、瀋陽貴方軍民被殺害侮辱事，余甚表遺憾，當通知董市長切實注意。瀋陽警察份子甚複雜，或難免有行為越軌之處。

特：閣下所謂一種力量，應出自貴國政府。

董：故貴方應協助我軍早日自瀋北開。

備忘錄

一、據長春市警察局呈報本年三月五日午後七時許，於本市郊外勸農區冷家當舖屯楊家屯班地方，曾有蘇軍五十餘名，均持武器，駕駛載重汽車三輛，聲稱搜捕匪人，進入居民毛姓等宅內，當場將毛姓、李姓、辛姓三人擊斃後，並進入苗姓宅內，將苗芬之父苗子香帶去，迄今下落不明等語，請飭查真象，並將該苗子香下落通知警察局。

二、本年一月十六日與閣下第七次會談時，曾通告謂，蘇軍曾在松江省捕獲一名張博生者，據自稱係隨同軍事代表團來長工作等由，當以本代表團及行營方面對此人毫無所知，即經呈報政府向其他有關當局查詢，茲奉指復張博生係一九四三年派在濱江辦理對日情報之工作員，一九四五年十二月二十四日於由哈爾濱乘火車至長春中途被蘇軍捕去，希交涉釋回等因，特請閣下將該員移交我方，該員如有逾越職權範圍行為，盼貴方將案情一併移送我方，當予以處分。

董團長與特中將第十六次會談內容摘要

民國三十五年三月二十一日

一、關於蘇軍撤退之接防問題提出四點要求（致馬元帥照函一件）

二、請告知蘇軍司令部在東北所發鈔票數額及種類

三、長春機場駐用房舍遷讓事

四、請派聯絡官赴四平接我行政人員返長事

五、代表團今後行動事

六、長春潛入便衣隊事

七、關於防疫及疫情通報

八、轉達張主任委員對馬元帥、特中將致謝意

九、蘇方提出瀋陽區內對蘇軍民殺害侮辱事件繼續發生事

董團長與特羅增科中將第十六次會談記錄

時　間　民國三十五年三月二十一日十五時

地　點　長春蘇軍總司令部

參與者　朱新民　邱楠

董：今日擬向閣下提詢及通告事項如下：

一、奉本國政府訓電致馬元帥照函一件，關於貴我兩方軍隊之接防問題，提出四點要求，希轉請馬元帥見覆。

本代表團之任務，即中蘇間軍事之聯繫，在撤兵與接防之時，此項聯繫，尤為重要。盼貴方在東北各地撤兵時，先期通知我方，以便使中國軍隊可以及時接防，否則空防期間，地方糜爛，鐵路交通斷絕，雙方均受損失也。

又附帶須向閣下提詢者，長春近三、四日來，貴軍調動頻繁，是否已開始自長春撤退，請閣下予以口頭答覆。

二、照中蘇財政協定，請閣下將貴軍司令部在東北九省所發鈔券數量通知我方。（面致照函一件）

三、我方空軍在長春機場駐用之房舍，現為顧及貴方需要，決將機場大樓之辦公室二間遷讓貴方使用。（面致照函一件）

四、據報，四平街方面之戰鬥業已停止，省政府人員大部均尚平安，決定暫撤至長春，未悉能否由貴方派聯絡官陪同接運返長。

五、軍事代表團之任務，係駐在貴軍保持聯絡，今後行動仍應與貴軍總司令部同進止，如有移動，應及早規定，俾便預作準備。

六、據報，近日長春潛入便衣隊甚多，其中一部係乘火車抵長者，登車時均佩有軍隊符號臂章，迨下車時則更換便衣，現長春有我方保安總隊，恐貴軍一旦撤退，惹起衝突，地方遭受糜爛，查長春為東北首善之區，且貴我兩國重要機關暨人員駐留此地者甚多，如治安發生問題而陷入混亂狀態，其影響實為深重，在事態未發生以前，特提請閣下注意。

七、前疊接准閣下來函，對防疫措施，顧慮週到，深表感謝。但余現在所得之疫情報告，尚殘缺不全，今將所得之情報，提請閣下參考，以後隨時有新報時，再以電話聯繫。

八、此外，尚有一事代為轉達閣下：張主任委員嘉璈先生頃有電對馬元帥與特中將關切之盛意，表示感謝。伊於過去雙方工作上，亦留有深切之回憶。在貴軍撤退以前，如時間許可，仍擬來長一行。但仍以貴軍撤退及我軍接防情形與夫馬元帥之意而決定。蓋張先生於此不欲以個人而影響貴軍之行動也。

特：一、第一項當即報告馬元帥。

我軍在瀋陽自一月十五日起開始撤退，長春亦然。貴方如需用我軍已撤出之房舍，當即可移讓。中長路燃煤之供給情形，苦無準則，時有時無，以致影響我軍之撤退工作，亦不克在正常狀態中執行。

董：盼示知一概括之範圍，俾便報告政府，得以及時接防，蓋鑒於前此之脫節，使地方糜爛，於雙方均有損失也。

特：余不能確定長春我軍何時可以撤退完竣，但現在已開始加緊撤退，瀋陽撤退時，事前即有消息。

董：吾人所希望者為正式通告軍事代表團，而非新聞，如現貴軍在長春撤退亦有消息，自不能目為正式通告。

特：關於瀋陽、長春、哈爾濱等地之撤退，余在三月十一日已聲明係自一月十五日開始。

董：余所著重者為交防接防。

特：余認為已無交防接防之問題，蓋瀋陽、長春、哈爾濱等市政府均已經貴方接收也。

董：余所謂交防接防係指軍隊而言。

特：但長春已有貴方之保安隊及警察局。

董：但渠等之力量，不足以接防長春，余意此非僅我方之事，蓋長春尚有貴國僑民及電線設備，如不正式接防，我方不能負保護責任。

特：余已通告閣下我軍係自一月十五日開始撤退，除此之外，余不能更作任何說明，現撫順產煤不能北運，故我方無從確定撤退完竣之日期。

董：當我軍已抵達瀋陽鐵道以西地區，在城外等待五十餘日未能入城接防，在此期間內，我方不負接防脫節之責任。

特：當時瀋陽市政府已接收，警察局並亦擔負共同維持秩序之責任，自無須辦理交接手續。

董：當時我軍從未進入瀋陽市區。

特：何故？

董：因貴軍未撤退之故。

特：瀋陽可容納五十萬大軍駐紮，我軍從未拒絕中國軍入城。

董：余意係指段段接防，此種接防之方式，曾經貴我兩方協議成立諒解，故在貴軍未撤退之前，我軍自不便貿然入城，閣下當能記憶，前此我軍曾派有聯絡組，其目的即在使接防工作段落分明也。

特：瀋陽方面我方固曾通知貴軍入城。

董：此即我軍前此不能入城之原因。

特：瀋陽自貴方接收警察局以來，我軍已退居客位。

董：但事實有所不然，警察僅負行政上之責任，蓋尚在貴軍軍事佔領期間也。

特：關於此項問題可否在此即作一結束，而令余繼續答覆以下之問題。

董：可。

特：二、關於鈔券數量事，因非余主管，請俟報告馬元帥後再回答。

董：因張嘉璈先生不在長春，故囑余代為轉達。

特：三、關於長春機場事，余甚惜閣下未能給予滿意之答覆，故吾人甚盼貴方地勤隊所住用之木板房屋，亦一併遷讓。

董：請諒解，吾人亦正住用。

特：附近房屋甚多，儘可遷出。

董：在外居住恐不及執行任務，例如修理飛機係晝夜不停之工作，如在他處住宿則恐趕辦不及。

特：飛機向由我方修理。

董：有時由貴方協助修理。

特：四、向四平街派聯絡官事，恕不能照辦，據余所得之情報，該處尚有戰事。

五、余意軍事代表團自應隨本軍共同行動。

董：貴軍軍部移動時，盼在一星期以前通知本代表團。

特：可。

六、關於便衣隊事，余未得情報，蓋蘇軍駐紮地區，不易發現有便衣隊之活動也。

董：如此余當下令保安隊及警察局加以檢舉。

特：可。

董：但余須附帶聲明，捕獲之便衣隊應由我方訊辦。

特：向例何人捕獲由何人訊辦。

董：事實不盡然，我方所捕獲者，常被貴軍城防司令部索去。

特：我方城防司令部亦與警察局同樣分為九區，彼此均有工作上競爭之心理，故不免發生此種現象。

董：舉例言之，我方保安隊有一准尉軍官，為冒穿中國軍服者數人繳械，經捕獲後復被貴軍城防司令部索去，我方曾要求會同審訊後交還我方，但結果既未會同審訊，亦未交還我方。

特：檢舉便衣隊事，盼勿在城區內發生衝突。

董：余當令注意。

特：七、貴國軍隊到達公主嶺時，盼停留九日至十日由雙方醫務人員會同檢疫被認定未染鼠疫時，再行進軍。

董：此點余須請示政府。

特：我方在長春軍隊甚多，而鼠疫實至可畏也。

董：余對閣下之觀點甚表同意，但華軍到達公主嶺後，無論停止與否，長春仍須正式接防。

特：我軍在長春尚不擬遽行撤完。

董：余仍請求正式接防。

特：貴軍到達公主嶺後，盼停留數日，經雙方醫生證明無染疫徵時，再行進軍。

董：當請示政府。

特：張嘉璈先生之意當轉報馬元帥，余對張先生之關切表示謝意。

董：此外尚有一瑣事，貴軍撤出法政大學後，該處突發生火災，火勢甚大。

特：法政大學在何處？

董：在大陸科學院正南。

特：余對長春地理實至不熟悉，如閣下提詢之事已畢，余尚有一事向閣下提出，瀋陽區內對我軍民殺害侮辱事件，尚在繼續發生中：

一、最近我方貿易部職員及中長路職員各二人被害，其中三人被殺死，一人重傷。

二、 警察局令我方僑民配帶符號臂章，一如前德人在進入我（蘇）國佔領區所採之方式。

三、 鐵路官舍四圍佈置鐵絲網，似無此必要。

現我方各機關人員均在恐怖狀態中，如此種現象不加改善，即不能繼續執行職務。

董： 余相信閣下所言當係有所根據，但余尚未接到上項報告，如果屬實，余對此甚表遺憾。

特： 余知此並非有組織之行動。

董： 余當報請下令嚴予制止，符號臂章當可通知即時取消，但鐵絲網余懷疑是否為求保護週密而設，如瀋陽機場可降落，余當派人乘專機赴瀋調查。

特： 大致可降落。我軍在長春以南所失踪之部隊，均已尋獲下落，僅有一十三人，確在瀋陽附近，請代為查找，送回長春或大連。

董： 我方當盡一切可能之方法查找送回。我軍用鐵道運輸事，卡爾金副理事長已覆函同意。

特： 余已接到卡爾金副理事長之通知。

董： 俟我方接收撫順之後，當能將產煤北運，供給中長鐵路之用。

特： 我方早已請求貴方接收撫順。

董： 此時吾人尚無此兵力，四平街我方之行政人員，盼閣下協助接運返長。

特： 如何協助？

董： 請中長鐵路派專車，由貴軍之聯絡官陪同前往接運。

特： 我方在四平街無軍隊，不便派遣聯絡官，似可由貴方派遣軍隊陪同前往。

董：是豈不再引起戰鬥乎？

特：反政府軍亦未必聽從吾人之意見。

董：有盟軍同往，當便於調解。

特：除對德國人外，前往談判者，大致均可無阻礙，現長春周圍四十公里以內均已封鎖交通，不悉是否影響給養，哈爾濱亦復如此。

董：現米價上漲甚多，給養仍以放行為宜。

特：四十公里以內範圍甚大，當可不仰賴外縣也。

董團長與特中將第十七次會談內容摘要

民國三十五年三月二十六日

一、接防問題

二、擬照進軍瀋陽之辦法互派遣聯絡組事

三、蘇聯官民被害及受侮事我政府已嚴令禁止

四、蘇軍所發鈔券希迅賜覆照

五、備忘錄

1. 吉林警察第三大隊李中玉部進駐拉拉屯軍校事
2. 警察局焚毀鴉片事請蘇軍勿加干涉。
3. 蘇軍槍傷我第三分局警官事

董團長與特中將第十七次會談記錄

時　間　民國三十五年三月二十六日十五時

地　點　長春蘇軍總司令部

參與者　邱楠　朱新民

董：今日擬向閣下提詢事項如下：

一、前次會談時，本人奉政府訓電致馬元帥照函一件，為貴我兩方軍隊接防事，提出請求，茲貴國大使已正式覆照我國外交部稱貴軍將於四月底撤退完竣，則此間各地接防辦法，似亟應商獲一協議，請儘速賜予答覆，並商定一概括之程序。

二、我軍現正自瀋陽沿鐵道線北運，為求雙方聯繫確實，避免發生誤會事件，可否仍照前次進軍瀋陽、彰武等之辦法，派遣聯絡組與貴軍部隊採取聯絡，俾便正式接防。

三、前次會談時，閣下通告瀋陽區內有貴國官兵遭殺害侮辱事，即經詳報政府，頃奉覆電已嚴飭主管機關緝懲兇犯，並採取必要措置，嚴禁再有類似事件發生。

四、前次會談，提詢貴軍所發鈔券數量，希迅賜覆照俾便轉報。

五、另有備忘錄一份提請查照。

備忘錄

一、吉林警察總隊所屬第三大隊李中玉部，擬即進駐拉拉屯軍官學校，除提照貴軍城防司令外，特通告備查。

二、據長春市警察局報告，本月二十三日奉令焚毀搜獲之日人私藏鴉片一萬餘斤，照我國通例，須公開執行，並邀集各機關代表參觀，已昭鄭重，事先已由警察局連絡官通知卡爾洛夫少將，乃屆時貴軍城防司令部忽派人將現場包圍，強行禁止，並在大同廣場街口派崗阻止警察局載運鴉片之車輛通行，當係貴方有所誤會，請閣下調查並轉飭勿加干涉。

三、本月二十一日午後九時頃，市警察局第二分局巡官關永泉、劉申秀外警長二名，在本市七馬路執行臨時營業檢查，突有蘇聯人士二名趕來質問，並持槍向關巡官射擊，小腹部受貫通傷一處。查警官為維持地方秩序之現職官吏，如執行職務時不能獲得安全自由之保障，恐影響治安甚大，盼予以適當處分並採必要措置，使不再發生類似事件。

特：關於閣下所提之第一項問題，可否作更具體之說明。

董：具體言之，即貴我兩方軍隊須旅行正式接防之手續，猶如兵士之換崗，某一區域經我軍正式接防後，其治安即由我方負責維持。

特：指何種區域，是否指有我駐軍之區域？

董：凡有貴軍駐紮之區域均包括在內，貴軍須與我正式國軍辦理接防手續。

特：接防是否指兵營之移交而言？

董：否，接防之涵義係指治安防務責任之接替，例如，長春市內及城郊，現由貴軍負責警備，此項警備責任方為貴我兩方交接之對象，瀋陽近日屢次發生不幸事件，推厥原因，即由於雙方未正式接防之故。嗣後為使雙方免受損失，確有正式接防之必要。苟不正式接防，則吾人對貴國僑民生命財產之保護雖願負責，無能為力。蓋接防非指轉交營舍，而係責任問題也。

特：接防係貴國之責任，我方在城郊之崗哨可交警察接替，其餘兵營及房舍，亦可移交。盼閣下指定貴方接收之部隊或機關。

董：余意尚未承閣下瞭解。交接係指衛戍責任而言。

特：貴方可即著手組織城防司令部，長春衛戍區原係分九區辦理，貴方亦可做照原編制接替。

董：必須我方有充分之實力始能接替此九分區之防務，在我方實力未充備之前，即不能接替，亦即不能負責。

特：關於此點，我方不能協助。如非鐵路交通發生阻礙，當亦無今日之問題。

董：鐵路交通斷絕即由於瀋陽未正式接防之故。如貴軍之最後列車首尾相卸接，當不致坐令鐵路交通中斷也。

特：照目前鐵路運輸狀況，自長春運至國境，須費時十天到十二天，吾人茲已奉令於四月三十日以前撤退完竣，吾人之任務僅為達成命令，其他則不遑顧計也。

董：盼在執行既定計劃之外，更對地方治安問題有所兼顧，現中長路為貴我兩方共管，如對治安問題不商獲一決定性之協議，恐引起於雙方均屬不利之後果。

特：何種協議？

董：舉例以言，當貴軍自瀋陽撤退時，我方時未料貴軍即逕撤長春，而認為或係暫先撤至鐵嶺、開原等處，因此我軍不能預定應推進至何地點為止，中長路發生障礙，亦即由此。

特：不論鐵路交通情形如何，長春方面，我軍最遲四月二十五日可撤退完竣。

董：四月二十五日以前，長春附近之治安責任，仍應由貴軍擔負。

特：最遲四月二十五日，如鐵路運輸情形轉佳，尚可提早，因目前煤缺車少，故不得不從寬估計也。

董：可能最早為何時？

特：最早當在四月十五日至二十日之間。

董：貴軍既已決定於四月底自東北全境內撤退，而自長春撤完之日期最早為四月十五日，最遲為四月二十五日，時間距離甚為接近，則自哈爾濱至滿洲里一段之撤退工作，是否過於迫促？

特：無論如何，吾人決在四月底以前，完成撤退工作。

董：余聯帶想到一甚重要之問題，據悉，滿洲里至綏芬河之鐵道，已改成寬軌，則將來中國軍隊到達哈爾濱後，應用何種方法輸送推進，請貴方代為考慮。

特：此點可向中長路當局洽辦，車輛係本國政府供給，管理權則屬於中長路當局。

董：請閣下即報告馬元帥，我方亦即報告政府，俾速謀解決辦法。

特：可。

董：貴方撤軍時固有困難，而我方進軍時亦同樣有困難，請閣下諒解。

特：貴方處境猶較勝於我方，現車輛多在鐵道南段。

董：但不能越過哈爾濱，亦屬徒然。

特：余所指為哈爾濱以南之情形。

董：截至目前為止，中長路方面尚未有任何一部車輛，借給我方使用者。

特：據余明知，中長路現有甚多之機車在瀋陽附近。

董：請閣下就下列問題請示馬元帥：

(1) 滿洲里至綏芬河之鐵道如係寬軌，則此段我軍需用之車輛問題，應如何辦理？

(2) 我軍開赴滿洲里及綏芬河沿線之接防部隊，應如何運輸？我方亦即報告政府。

特：閣下在此所謂接防，係指何而言？

董：我方如無軍隊維持地方治安，則不能建立政權。

特：貴方何時可向滿洲里、綏芬河等地運輸軍隊？

董：此當視交通情形而定。

特：現瀋陽、長春之間已可通車，貴方儘可用北寧路車輛。

董：北寧路車輛僅及哈爾濱為止。

特：此點自當報告元帥。但須向貴方鄭重聲明者，我軍在長春以北所警備之區域不能等待中國正式國軍接防，而只能將吾人之責任交付現有之武力，如正式國軍不及開到，吾人不能因此停止預定之撤退工作，請貴方特加注意。

關於閣下提詢之第三項問題，我軍在劉房子派有崗哨，將來我軍派遣聯絡官時亦即在劉房子等候，在我軍未全部撤出長春之前，貴軍即可進駐長春市區。但四平街鼠疫猖獗，或須稍有滯留耳。

董：閣下前所提，我軍抵達公主嶺時須停留十天之議，是否即作為罷論。

特：仍以停留為宜。不必在公主嶺，即再北移亦可，只須不立即進駐市區耳。貴軍聯絡官之姓名，可否即請見示。

董：當俟詢明後奉告。

特：第四項已請示政府，尚未得覆。

董：得到覆電後，請即示知。

特：（笑謂）此事故非余主管之範圍。

董：（笑謂）但亦非余主管範圍也。

特：閣下在備忘錄中所稱各節，余因所得報告未盡詳備，未便作確定之答覆，關於焚鴉片事，卡爾洛夫少將之報告謂事前未獲通知，故有此誤會。

董：事先已由警察局聯絡官通知城防司令部。

特：據余所得報告，係開始動作時，方獲通告。

董：以此類微末之事相煩，甚覺抱歉，盼彼此多取聯繫，城防司令部之尺度稍加放寬，即不致再有此種現象也。

特：因有多數民眾參加，以城防司令部之立場，不得不過問。請勿視為干涉貴國之內政。

董：當時情勢甚不正常，貴方派兵包圍焚場，並將警官帶去。

特：據余所得報告，並未發生衝突。

董：當時情形不甚好。

特：照協定，地方當局應事先通告。

董：事前已由聯絡官通知。

特：茲事較大，似應派重要負責人正式通知。

董：附帶提出，近日長春市警察常有被槍傷或毆辱事件，警察係代表國家之身份，希望多予尊重。

特：焚鴉片事，盼市政府與城防司令部多加聯繫，其辦理程序，亦可先與城防司令部接洽。

民國史料 19

內戰在東北：駐蘇軍事代表團（二）

Civil War in Manchuria: Military Mission in Soviet Occupation Force - Section II

編　　者　民國歷史文化學社編輯部
總 編 輯　陳新林、呂芳上
執行編輯　林弘毅
美術編輯　溫心忻

出 版 者　開源書局出版有限公司
香港金鐘夏慤道 18 號海富中心
1 座 26 樓 06 室
TEL：+852-35860995

民國歷史文化學社有限公司
10646 台北市大安區羅斯福路三段
37 號 7 樓之 1
TEL：+886-2-2369-6912
FAX：+886-2-2369-6990

銷 售 處　源流成文化股份有限公司
10646 台北市大安區羅斯福路三段
37 號 7 樓之 1
TEL：+886-2-2369-6912
FAX：+886-2-2369-6990

初版一刷　2020 年 3 月 31 日
定　　價　新台幣 300 元
港　幣　80 元
美　元　11 元
I S B N　978-988-8637-56-0
印　　刷　長達印刷有限公司
台北市西園路二段 50 巷 4 弄 21 號
TEL：+886-2-2304-0488

版權所有・翻印必究
如有破損、缺頁或裝訂錯誤
請寄回銷售處更換